AF242542

LA COMMUNE

A TOULOUSE

———

SIMPLE EXPOSÉ DES FAITS

PAR

ARMAND DUPORTAL

———

Justa per angusta.

———

TOULOUSE

IMPRIMERIE GÉNÉRALE PAUL SAVY

ALLÉE LAFAYETTE 10 BIS.

—

1871

LA COMMUNE A TOULOUSE

I

La *Gazette du Languedoc* a annoncé, dans les premiers jours de juin, qu'*après deux jours de délibération,* — elle aurait pu ajouter : et après deux grands mois d'instruction laborieuse — la Chambre des mises en accusation avait renvoyé devant la cour d'assises :

MM. Armand Duportal, ex-préfet de la Haute-Garonne ;

Léon Castelbou, ancien maire de Toulouse ;

Cavarré, ancien directeur de la sûreté publique ;

Félix Ducasse, ex-capitaine adjudant-major de la garde nationale mobilisée ;

Jacob, ex-commissaire de police ;

Saint-Gaudens, régisseur au théâtre des Variétés, ex-capitaine de la garde nationale ;

Dunac, passementier, ex-capitaine de la garde nationale ;

Savy, imprimeur ;

Comme auteurs ou complices :

1° D'un attentat ayant pour but de changer ou de détruire la forme du gouvernement ;

2° D'un attentat ayant pour but d'exciter à la guerre civile ;

3° D'un attentat contre la liberté individuelle, en ordonnant ou exécutant des arrestations arbitraires ;

4° D'une attaque envers l'Assemblée nationale, envers le chef du pouvoir exécutif et envers le suffrage universel ;

5° De divers autres délits ;

Crimes prévus et punis par les art. 87, 91 et 114 du Code pénal, et les lois spéciales sur la presse ;

Et qu'une ordonnance de non-lieu avait été rendue en faveur des sieurs Eugène Gros, Jules Sarrans, Pujol, Rey, Fourtanier et Cros.

On le voit, l'affaire de la *Commune de Toulouse* puise son importance dans le nombre et la gravité des *crimes* imputés aux accusés bien plutôt que dans le nombre de ces accusés. Huit hommes seulement, dont un n'a agi en réalité que dans sa spécialité de régisseur parlant au public, et un autre comme imprimeur, ont osé perpétrer les divers attentats que l'accusation leur reproche, et rêver le renversement du gouvernement établi, par les voies audacieusement criminelles de la guerre civile.

Heureusement, les spectateurs nombreux de cette parade militaire qu'un des accusés a si justement qualifiée de vaudeville, savent à quoi s'en tenir sur la gravité de cette accusation formidable, rendue nécessaire par la redondante proclamation, inspirée par les événements du 25 mars, à Toulouse, à trois magistrats du ressort, évidemment surexcités par l'émotion inséparable d'un premier début.

Mais l'édification publique ne suffit pas toujours à déterminer les décisions de la justice. Le formalisme gouvernemental exige que là où il y a accusation il y ait aussi justification et sentence. Le ridicule qui tue tout en France n'eut jamais raison du plus abracadabrant réquisitoire, et malgré *Brid'oison* et *Petit-Jean,* malgré nos trois ou quatre révolutions, tout inculpé doit compter avec le grimoire comme au temps de Racine, de Voltaire et de Beaumarchais.

Il me faut donc prouver, comme si tout le monde à Toulouse, excepté la Justice, ne le savait pas, que les événements accomplis dans cette ville les 25, 26 et 27 mars sont bien loin d'avoir eu la gravité que l'arrêt de la Chambre des mises en accusation suppose et que notamment les huit citoyens incriminés sont parfaitement innocents des noirceurs diverses dont on les accuse. Je n'ai pas mandat de parler pour mes coaccusés ; mais comme, d'après ce qui m'est revenu des tendances persistantes de l'instruction, on m'a fait le pivot de toute cette affaire, la cheville ouvrière de l'intrigue, la brebis galeuse de l'accusation, j'ai tout lieu d'espérer que les explications personnelles qui vont suivre profiteront à tous mes coaccusés.

Il eut certainement été plus naturel et surtout plus profitable à la découverte de la vérité que ces explications se fussent produites dans le cabinet des magistrats instructeurs et sous la forme précise et authentique de l'interrogatoire. Mais comme cette régularité de procédure ne pouvait être obtenue qu'au prix de trois ou quatre mois de détention préventive, je n'attends et ne demande l'absolution de personne pour la salutaire précaution que j'ai prise de me tenir à distance de mes accusateurs, par ces temps de réaction royaliste effrénée, sous le régime d'exécutions sommaires que nous ont fait les vainqueurs de Paris et par le vent de coups d'Etat qui souffle à travers les *Gazettes* et les réunions intimes de nos députés ruraux.

Sans sortir de Toulouse et du cercle étroit du personnel et des agissements judiciaires , les dispositions des magistrats chargés de l'instruction n'étaient pas de nature à m'inspirer une grande confiance dans la lucidité de leurs conclusions. Il me suffira de faire cette remarque, que pas un de ceux qui, au vu et su de tout le monde, ont provoqué et dirigé le mouvement communaliste de Toulouse, n'a été un seul instant inquiété, recherché, incriminé , tandis qu'il est de notoriété publique que trois, au moins, des huit citoyens impliqués dans cette singulière accusation, n'ont pu l'être que par la plus déplorable des erreurs judiciaires, sans compter les soixante-dix jours de prison préventive inducment faits par M. Jules Sarrans, au détriment de sa position administrative à la Mairie de Toulouse.

Sous le bénéfice de ces considérations préliminaires, j'entre en matière.

II

Pour bien préciser et faire connaître la part que j'ai prise aux événements dont il s'agit, je dois raconter d'abord les faits qui les ont amenés. Leur véritable caractère ressortira d'ailleurs de cet historique et il ne me restera que peu à faire ensuite pour en démontrer la complète innocuité.

A proprement parler, la proclamation de la Commune à Toulouse n'est pas un mouvement communaliste et n'a pas la signification socialiste qu'il a affectée à Paris et dans quelques autres villes des départements. C'est une question de garde nationale qui a provoqué ce mouvement, et c'est exclusivement la garde nationale qui l'a consommé, sans la participation d'aucun élément socialiste et avec la seule attache révolutionnaire du moment et du prétexte choisi pour le faire éclater. L'*Internationale* et ses mots d'ordre ne sont pour rien dans tout ce qui s'est passé, et les magistrats instructeurs qui ont mis deux grands mois à sonder les profondeurs de cette algarade de corps de garde ont dû bien étonner MM. les officiers supérieurs de la garde nationale, chefs naturels de ce mouvement de pompons rebiffés, s'ils leur ont posé la question de connivence avec l'infernale association.

Sans doute quelques esprits avancés, remuants et fanatisés pour les réformes sociales, quelques partisans convaincus de l'émancipation communale, ont pu croire, en proclamant la Commune, qu'ils faisaient acte d'adhésion à la révolution du 18 mars. Plusieurs sont venus souvent à la préfecture me sommer de me prononcer pour ou contre ce mouvement et de cesser de faire placarder en ville les bulletins télégraphiques de M. Thiers. Je suis toujours parvenu à calmer ces exigences, en invoquant l'énergique sincérité de mes sentiments républicains et l'obligation, que me commandait la loyauté non moins notoire de mon caractère, de résigner mes fonctions plutôt que de faire ce qu'on semblait exiger de moi. N'avaient-ils pas, leur disais-je, en effet, la plus sûre des garanties, la meilleure des Communes, dans la coexistence à Toulouse d'un préfet républicain radical, très résolu à défendre la République, à la rendre effective, et d'une municipalité non moins radicale, exerçant le pouvoir municipal dans la plus complète des libertés compatibles avec l'état actuel de la centralisation administrative?

On comprend que la cessation de ces garanties par le remplacement du Préfet et la démission immédiate de la Commission municipale aient pu déterminer l'explosion; mais la cause était ailleurs. Cette cause réelle, la voici :

III

On sait qu'à la suite de la reddition de Metz et des colères qu'avait soulevées dans la population toulousaine ce que je n'ose plus appeler la trahison de Bazaine, — tant nos députés se montrent accessibles aux justifications rétrospectives des serviteurs de l'Empire, — le poste de l'Arsenal avait été retiré à la garnison et dévolu à la garde nationale au milieu de circonstances regrettables et avec un éclat peu fait pour châtouiller agréablement la fibre militaire des généraux qui commandaient à Toulouse.

En venant prendre possession de la 12ᵉ Division, le général de Nansouty avait reçu du ministre l'ordre de faire rentrer, à cet égard, les choses dans leur état normal. Il m'en avait parlé, et je l'avais prié de me laisser le soin de négocier cette affaire délicate et de choisir le moment opportun pour la mener à bien.

La composition et l'attitude de l'Assemblée nationale n'étaient pas de nature à me faciliter cette négociation avec la mairie et l'état-major d'une garde nationale spécialement organisée, je le proclame, pour la défense de l'ordre dans la République et par la République. D'un autre côté, ces mêmes circonstances rendaient nos généraux d'autant plus insistants dans leurs réclamations relatives au poste militaire de l'Arsenal. Ne voyant pas arriver de solution conforme à ses désirs, M. le général Lefebvre-Desnoëttes, qui commandait le département au titre auxiliaire, m'écrivit, le 18 mars, la lettre suivante :

Monsieur le Préfet,

Je vous prie de vouloir bien me faire savoir quel jour je pourrai faire remplacer par l'armée régul ère le poste de l'Arsenal ci ce moment confié à la garde nationale.

J'ai l'honneur de vous rappe'er votre promesse à cet égar l.

Veuillez agréer, etc.

Mis ainsi en demeure de préciser le jour de la remise du poste de l'Arsenal à l'autorité militaire, j'abordai résolûment la question avec M. Castelbou, maire de la ville, avec quelques-uns des adjoints ou membres de la Commission municipale et quelques officiers influents de la garde nationale. Je ne trouvai presque pas de résistance. M. le lieutenant-colonel Frugier fut appelé et tout fut entendu et réglé pour que, le lendemain, 19 mars, la livraison du poste fût effectuée au gré de nos généraux.

Le 19 mars était un dimanche, jour peu propice aux accommodements d'une nature aussi délicate pour la susceptibilité toulousaine, et, de plus, la ville apprenait dans la soirée de ce même jour les graves événements accomplis la veille à Paris. Les ordres donnés par M. le lieutenant-colonel Frugier dans le sens convenu produisirent un tel effet parmi nos gardes nationaux , que les citoyens

Cousin, A. Calvet et Boudin, ces deux derniers officiers de la garde nationale et membres de la Commission municipale, crurent devoir m'informer de l'agitation qu'ils redoutaient pour le lendemain et vinrent, à neuf heures du soir, à la préfecture, me proposer d'aller demander à nos généraux un nouvel ajournement à l'exécution de leurs désirs.

Nous nous rendîmes tous les quatre au quartier général, où nous trouvâmes MM. de Nansouty et Desnoëttes, avec plusieurs officiers, au nombre desquels M. le chef d'état-major G. Guillaume, qui prit une part très active à la conversation. Quelques explications suffirent à nous faire consentir par MM. les généraux la renonciation que nous étions allé leur proposer. Mais M. le chef d'état-major Guillaume, jugeant comme très accessoire la question qui nous avait conduits au quartier général, se crut autorisé à placer le débat sur ce qu'il pensait être son véritable terrain, en me demandant pour lequel des deux gouvernements de Paris ou de Versailles j'étais prêt à me prononcer. La Justice a dû recevoir à cet égard les déclarations de MM. de Nansouty, Lefebvre-Desnoëttes et Guillaume lui-même ; je me borne à faire remarquer que dans ma réponse je ne faillis à aucun des devoirs que me commandaient à la fois le soin de ma dignité et mes obligations de fonctionnaire loyal du gouvernement de Versailles.

Grâce au bon esprit de MM. les généraux, grâce au bon accord qui n'avait cessé de régner entre nous et au dévouement des citoyens Cousin, Calvet et Boudin, nous avions donc conjuré les dangers immédiats d'une situation exceptionnellement tendue ; et deux jours après j'envoyais au ministre de l'Intérieur à Versailles le bulletin suivant de l'état moral de la ville et du département :

La tranquillité n'a pas été troublée un seul instant à Toulouse ni dans le département. Par suite d'arrangements antérieu s aux événements de Paris, le poste de l'Arsenal avait été retiré dimanche soir à la garde nationale et confié à la troupe. L'inopportunité fortuite de l'exécution de cette mesure ayant causé quelque émotion dans les rangs de la garde nationale, nous nous sommes entendus avec le général pour laisser encore ce poste à la milice sédentaire, afin de ne donner aucun prétexte à une agitation quelconque.

C'est, on en conviendra, un langage étrange et une conduite bien illogique de la part d'un homme qui médite les attentats ci-dessus numérotés et notamment l'organisation de la guerre civile. Nous verrons plus bas où on l'organisait en réalité.

IV

Comme je viens de le dire, les dangers *immédiats* de la fâcheuse revendication de l'administration militaire étaient conjurés. Mais malheureusement les susceptibilités de la garde nationale étaient vivement surexcitées, et elle témoignait tous les soirs son mécontentement par les cris de *Vive Paris! Vive la Commune!* poussés avec une certaine énergie, au relevé des postes. Cris inconscients en quelque sorte et, je le répète, sans caractère communaliste ou socialiste, mais cris essentiellement hostiles à la réaction monarchique personnifiée, à Versailles, dans l'Assemblée, et, à

Toulouse, dans le groupe de royalistes qui s'agitait autour
de M. le général Lefebvre-Desnoëttes, maladroitement dé-
masqué ou imprudemment compromis par sa revendication
persistante du poste de l'Arsenal.

D'un autre côté, les royalistes pressentant l'heure des
audaces de parti, demandaient à être armés, alors qu'ils
avaient fait la sourde oreille aux appels de l'ordre dans les
premiers mois de la République. Je n'étais entouré que de
sollicitations de ce genre ; on me fesait parler par le général
de Nansouty, par M. de Saint-Gresse, qui, ainsi qu'on le
verra plus loin, ne craignit pas de se faire officiellement
l'écho de ces menées des partis rétrogrades par une lettre
collective, signée également de MM. Manau et Delcurrou.
Prologue évident, malencontreuse précaution oratoire de la
levée de boucliers royalistes provoquée par ces messieurs
quelques jours après dans les réfectoires de l'Arsenal.

Les réunions politiques empruntèrent à tous ces faits
une aigreur et une exaltation extraordinaires. Les dépêches
que j'adressai à ceux de mes collègues qui m'interrogeaient
sur l'état des esprits à Toulouse, témoignent des inquiétudes que me causait cette agitation. Un matin, le 22, je
crois, M. le général Lefebvre-Desnoëttes vint à la préfecture
me faire part de ce qui lui était revenu des réunions de
la veille et des appréhensions que lui laissaient les résolutions prises dans ces réunions, composées presque exclusivement de gardes nationaux. On y avait fait prêter aux
officiers le serment solennel de défendre la République. —
M. Desnoëttes disait : de soutenir Paris et la Commune. —
Une revue de la garde nationale y avait été résolue pour le
jour même, avec ou sans le consentement des autorités.

Enfin le quartier général, l'Arsenal, tous les établisse-
ments et le personnel de la force publique étaient menacés
d'un audacieux coup de main, à l'imitation des scènes de la
butte Montmartre et des boulevards extérieurs de Paris.

Je m'empressai de rassurer M. le général Lefebvre-Desnoëttes, et lui promis, avec l'autorité qu'il savait attachée
à mes engagements, que la revue projetée, dont je ne voyais
pas l'utilité et dont je reconnaissais au contraire les dangers, n'aurait pas lieu et que l'ordre ne serait pas troublé
à Toulouse tant que j'en aurais la responsabilité. Mes six
ou sept mois d'administration au milieu des circonstances
les plus critiques, la confiance que j'avais su inspirer aux
hommes sincères de tous les partis, me donnaient le droit de
parler de la sorte; et les faits ne m'ont pas démenti, même
le jour de la proclamation de la Commune à Toulouse.

J'accourus au Capitole. Je rencontrai, en route, M. Castelbou, maire de Toulouse, qui informé des mêmes faits
et pareillement émoustillé par les inquiétudes de M. Lefebvre-Desnoëttes, venait en causer avec moi à la préfecture.
Arrivés ensemble à la mairie, nous fîmes appeler M. Cavarré, chef de la sûreté publique, deux agents de ce
service qui avaient assisté aux réunions de la veille et deux
officiers de la garde nationale, MM. Boudin et Calvayrac,
qui se trouvaient au Capitole.

Nous apprîmes de ces messieurs qu'en effet les officiers
de la garde nationale avaient en très grand nombre assisté
à une réunion provoquée dans le but de témoigner de
l'unanimité de leur dévouement à la République, qu'ils
s'étaient tous engagés par serment à la défendre contre les
menées des royalistes, et avaient résolu de manifester
publiquement ces sentiments dans une revue qui serait

demandée à M. le Maire. Un de ces messieurs ajouta qu'il avait été également décidé qu'une distribution de cartouches serait réclamée à l'autorité et que le préfet serait mis en demeure de se prononcer entre le gouvernement de Versailles et celui de Paris.

Je ne peux m'empêcher de faire remarquer que la défense de la République, que l'on croit menacée par les agissements des royalistes, ne cesse pas d'être le mobile constant de ces agitations ; que la pensée de pousser l'expression de ce sentiment jusqu'à une manifestation hostile au gouvernement de Versailles ne préoccupe encore qu'une faible minorité ; et que dans cette circonstance cette pensée ne me fut exprimée que par un des rares citoyens dans l'esprit desquels un pareil *pronunciamento* était déjà depuis quelques jours passé à l'état d'idée fixe.

Sans attendre mes observations et avec le caractère absolu et emporté qu'il sait donner à ses résolutions dans les moments solennels, M. Castelbou déclara à MM. Boudin et Calvayrac que la revue n'aurait pas lieu et que des cartouches ne seraient distribuées qu'à bon escient et seulement lorsque la nécessité en serait malheureusement démontrée d'une manière inéluctable.

Je dis à mon tour, pour ce qui concernait la mise en demeure dont on me menaçait pour la dixième fois, que ne voulant subir aucune contrainte et bien résolu à rester maître de moi-même, je me soustrairais par une démission immédiate à toute tentative d'atteinte portée à la liberté de mes actes publics et de ma conscience.

L'énergie et la netteté de cette double déclaration portèrent leurs fruits, car la revue ne fut pas demandée, il ne fut question que beaucoup plus tard d'une distribution de cartouches, qui d'ailleurs ne fut jamais faite d'une manière effective et générale, et comme on le verra par la suite, MM. les officiers de la garde nationale ne vinrent me parler Commune et *pronunciamento* en faveur de Paris que lorsque je ne fus plus préfet.

Le jour même, j'envoyai mon fils au quartier général pour tranquilliser M. de Nansouty et lui donner l'assurance que tous les cauchemars par lesquels l'entourage de M. Lefebvre-Desnoëttes avait essayé de stimuler son zèle militaire étaient dissipés, que l'ordre ne serait pas troublé à Toulouse et qu'on pouvait dormir sur ses deux oreilles partout où les frayeurs hypocrites et intéressées des amis du général conduiraient le siége de l'administration militaire du département.

V

Avant d'aller plus loin, je dois interrompre mon exposé et le compléter par l'explication d'un incident qui, m'a-t-on dit, a paru d'une importance décisive aux magistrats instructeurs de cette affaire. Tant il est vrai que romanciers et procureurs usent des mêmes moyens pour dramatiser leurs œuvres et appeler l'attention du public qui lit, des jurés qui jugent et des ministres qui décorent ou donnent de l'avancement!

Pendant que tout ceci se passait à Toulouse, quelques jours avant peut-être (je n'ai aucun repère pour fixer ma mémoire à ce sujet), Razoua vint à Toulouse, Razoua du *Réveil*, Razoua le député de Paris, Razoua de la Commune, Razoua des conseils de guerre, Razoua le commandant de l'Ecole militaire, Razoua le contumace mystérieux de la justice expéditive des généraux de l'Empire devenus les instruments de l'esprit de conciliation et de tolérance de M. Thiers. On comprend quelle aubaine c'était pour tout Ponson du Terrail du réquisitoire, et quel parti on en pouvait tirer avec un peu de bonne volonté, de l'imagination, quelques rapports de police ou la déposition d'un imbécile.

D'autant mieux que Razoua avait assisté à une réunion politique, que je l'y avais accompagné, après avoir dîné avec lui, non pas à la préfecture, comme cela fut arrivé sans le deuil paternel dans lequel j'étais plongé mais chez un ami commun, et que nous avions l'un et l'autre prononcé quelques paroles dans cette réunion. Voilà le fait dans toute sa simplicité. J'ignore les déductions criminelles que l'instruction en aura tirées. Voici sa raison d'être et les explications auxquelles il me faut descendre pour dissiper les ingénieux et faciles ombrages de la Justice.

Razoua est né à Beaumont-de-Lomagne — un sol volcanique qui produit des journalistes, des ferblantiers, des astronomes et des chiffonniers. — Sa famille habite cette petite ville. Etant venu à Bordeaux pour contribuer comme député de Paris aux succès oratoires de M. Depeyre et au pacte d'où est sortie la République provisoire et expérimentale de M. Thiers, Razoua, en ennemi de la famille, vint voir sa mère, et, par un caprice d'itinéraire ou une combinaison infernale de Karl Marx, poussa jusqu'à Toulouse son criminel pélerinage. Le *Réveil* et l'*Emancipation* ayant toujours vécu en bonne intelligence, il lui sembla que l'on ne devait pas se bouder et se tourner le dos parce que la Révolution du 4 septembre était allée chercher dans le premier de ces journaux trois députés de Paris, et avait fait du rédacteur du second un préfet. Il vint me rendre à la préfecture la visite que je lui avais faite quelques jours auparavant au Café de Bordeaux.

Razoua fut moins cérémonieux vis-à-vis de la Société l'*Alliance républicaine*, dont il est un des membres-fondateurs et qui a des adhérents nombreux à Toulouse. Une réunion eut lieu à son intention, et Razoua, qui tient mieux la plume et l'épée que le crachoir, ne s'y rendit pas, tant étaient machiavéliques les instructions que ce conspirateur émérite avait reçues de la Sainte-Wehme du communalisme parisien. On avait pourtant mal pris la chose parmi les frères et amis. Le clubiste toulousain n'aime pas qu'on fasse fi des cérémonies de son culte démocratique. J'en parlai à Razoua ; et, comme j'aime mes amis, comme je ne pouvais pas oublier que, pendant le siége de Paris, il avait vertement tancé et contraint à se taire un certain Rebut de la Drôlerie qui m'insultait dans le *Figaro*, je lui offris de l'accompagner à la réunion du lendemain et de l'aider ainsi à rentrer en grâce auprès de nos amis mécontents de l'*Alliance républicaine*.

Ma proposition ayant été acceptée, nous nous rendîmes à la réunion, où Razoua parla de l'organisation de l'*Alliance*, puis, en chroniqueur militaire, raconta les principaux épisodes de la défense de Paris par l'héroïque garde nationale dont il avait été l'un des commandants. Est-ce assez criminel ! assez communaliste ! assez organisateur de guerre civile !

Il est vrai qu'interpellé, à mon tour, par quelques citoyens non compris dans la garde nationale et dont l'idée fixe, bien naturelle d'ailleurs, était d'avoir un fusil et des cartouches au besoin, je répondis que cela regardait la Mairie, et que, d'après mon entente avec le maire de Toulouse, tout citoyen dont le capitaine du quartier certifierait la moralité et le civisme devait être immatriculé sur les contrôles et armé. Et, comme on insistait pour la distribution des cartouches, je répondis que fusils et cartouches ne manquaient pas, qu'il y en avait au Capitole et à la préfecture, et que la distribution ne pouvait en être faite qu'en présence d'une urgente et inévitable nécessité.

Razoua partit le lendemain pour Versailles, ignorant les événements qui l'obligeraient à se prévaloir de son titre de député pour y arriver, et ne soupçonnant certainement pas que, peu de jours après, les sentiments d'intime solidarité qui l'unissaient à Cournet et à Delescluze l'amèneraient à échanger ce mandat contre celui de la Commune. Mais n'est-ce pas bien naïf d'essayer de faire accroire tant d'imprévoyance, de désintéressement et d'innocent fatalisme à des gens qui passent leur vie à requérir, instruire, juger et prononcer des condamnations contre leurs semblables !...

VI

L'épisode Razoua expliqué, je reprends le récit des frayeurs imaginaires du Quartier général, habilement sus- -citées et exploitées par des fonctionnaires républicains en train de *désencanailler* leur origine et par des royalistes impatients d'appuyer sur nos dissentions civiles les intérêts équivoques de leurs passions monarchiques. Je connaissais ces influences fâcheuses, exercées précisément par quelques hommes dont j'avais toujours accueilli les incessantes réclamations personnelles. Le général Nansouty lui-même en convenait avec moi dans sa loyauté de vieux soldat. Il faut qu'elles aient été bien puissantes sur l'esprit de celui qui les accueillait le plus volontiers, puisque malgré mes assurances en faveur du maintien de la tranquillité publique, j'appris que le personnel entier de la Division et de la Subdivision avait élu domicile derrière les murs crénelés de l'Arsenal et était allé rompre le pain de la défiance sous le toit hospitalier de M. de Croutte. J'en fus informé par la lettre suivante de M. le Général commandant la Division.

Toulouse, le **22** mars 1871.

Monsieur le Préfet,

La gravité des circonstances a nécessité de ma part **des** mesures de précaution.

J'ai dû faire occuper l'Arsenal en force et m'y rendre moi-même de ma personne, *La garde nationale y continuera son service ordinaire.*

Cette mesure, toute de précaution, ne doit inquiéter personne.

Je compte sur votre patriotisme pour maintenir l'ordre dans la ville.

Je serai heureux de recevoir toutes les communications que vous voudrez bien me faire,

Veuillez faire prévenir M. le Maire de la mesure que j'ai cru devoir prendre pour éviter tout prétexte d'agitation.

Agréez, etc.

Cette lettre était à peine dans mes mains qu'une députation de gardes nationaux, en proie à la plus vive émotion, venait m'aviser que les troupes du camp, en tenue de campagne et le fusil chargé, étaient dirigées sur la ville par le chemin détourné du pont de Blagnac, afin d'éviter le faubourg Saint-Cyprien dont l'impressionnable population pouvait faire obstacle à cet acte d'agression, ou tout au moins d'inexplicable défiance et d'imprudente provocation. Ce renseignement m'étant confirmé de la façon la plus positive par le service de la sûreté publique, j'écrivis à M. le général de Nansouty la lettre qui suit et qui était en même temps une réponse à celle qu'on vient de lire :

Toulouse, le 22 mars 1871,

Monsieur le Général,

J'apprends qu'en même temps que vous avez renforcé la défense de l'Arsenal, vous faites diriger sur la ville les troupes qui occupaient le camp. Ces deux mesures occasionnent en ce moment dans la ville une très vive émotion et me rendent plus difficile la mission pacificatrice que je n'ai cessé de remplir à Toulouse. Je ne la décline pas pour cela ; mais vous me permettrez de vous faire remarquer qu'étant parvenu à maintenir ce matin la garde nationale, je devais attendre une attitude moins vive de la part de l'autorité militaire. S'il y avait ce soir de l'agitation à Toulouse, vous regretteriez certainement d'avoir encouru le soupçon de l'avoir peut-être provoquée.

Je n'incrimine certainement pas vos intentions. Je vous fais part de la situation que vous venez de me faire et des craintes qu'elle m'inspire. Il ne dépendra pas de moi, croyez-le bien, qu'elles aient été complètement chimériques ou exagérées.

Agréez, etc.

Il faut convenir que ces satanés républicains et surtout ces brigands de préfets gambettistes, comme on nous appelle, ont une drôle de façon d'organiser la guerre civile et de pousser au renversement du gouvernement établi ! Mais à quoi servirait le zèle de la magistrature si on ne trouvait pas de temps en temps l'occasion de le manifester dans un bon procès politique ? Et les venus de la douzième heure dans la sacrosainte compagnie y obtiendraient-ils droit de cité si on ne leur fournissait pas les moyens de renier leurs dieux d'argile de la veille et d'encenser l'idole d'or du lendemain?

Heureusement, M. le général de Nansouty, qui m'avait vu à l'œuvre et qui savait comment je m'étais conduit à l'égard de ses prédécesseurs, MM. de Géraudon et Courtois-d'Hurbal, ne jugea pas que son épée le condamnât à toujours pourfendre, comme d'autres croient que leur robe de magistrat et les honoraires qui y sont attachés les obligent à toujours incriminer. Il me répondit sur-le-champ :

Toulouse, le 22 Mars 1871.

Monsieur le Préfet,

Les troupes du camp avaient reçu dès hier l'ordre de faire une promenade militaire ; mais dans la pensée que cet acte pouvait être mal interprêté, j'avais dès une heure envoyé contr'ordre et les troupes sont rentrées au camp.

L'émotion causée par l'article de l'*Emancipation* a dû me déterminer à prendre des *mesures de précaution, mais de précaution pure.*

M. de Kératry étant venu me prévenir qu'il venait prendre possession de la préfecture, je l'ai engagé à se retirer en lui disant que vous aviez toute ma confiance et que j'étais persuadé que vous sauriez *mieux qu'aucun autre* protéger l'ordre et la société.

Je vous prie d'agréer, etc.

Cette lettre dit tant de choses dans son laconisme et dans sa simplicité que, sans trop triompher du témoignage éclatant qu'elle rend à mes intentions et à mes services, je ne résiste pas au besoin de m'y arrêter un moment.

VII

Tout n'est qu'heur et malheur dans la vie publique comme dans la vie privée. J'avais la confiance du général pour assurer mieux que personne l'ordre et la sécurité, mais j'étais moins bien apprécié, paraît-il, par mon ex-ami Manau, procureur général, puisque, d'après une dépêche du chef du pouvoir exécutif, en date du 25 (9 heures 1/2 du matin), il avait la veille fait des démarches pour ramener à Toulouse ce même M. de Kératry que M. de Nansouty en éloignait dans l'intérêt de la tranquillité publique. — « Vous avez bien fait d'appeler M. de Kératry », disait M. Thiers à son procureur général ; et il ajoutait : « Faites savoir que les *préfets insurrectionnels* seront punis suivant toute la sévérité des lois. » — Mon ex-ami Manau m'avait donc, dès le 24, présenté au pouvoir, qui le louait de son *zèle* et de son *énergie,* comme un préfet insurrectionnel.

C'est donc un bien lourd fardeau que la reconnaissance, pour qu'on ait tant de hâte de s'en affranchir! J'avais poussé la condescendance pour cet ami des mauvais jours, pour cet avocat de mes petites causes *extrà muros,* jusqu'à demander pour lui la première présidence de notre cour d'appel. Il avait lui-même libellé la dépêche. Je n'avais fait que signer. Voyez-vous maître Manau, ce procureur général d'un jour, et pour cause de réparation encore! premier président de la Cour d'appel de Toulouse? Il faut réellement avoir brûlé ses vaisseaux devant le *decorum* administratif pour oser faire de pareilles propositions au garde des sceaux! Et je l'avais fait sans sourciller, tant, pour obtenir au proscrit Manau la *réparation* qu'il ambitionnait, étaient médiocres mon souci de la fonction et mon désir d'en relever l'éclat par le fonctionnaire.

J'avais plus fait encore pour cet ex-ami. Après avoir contribué à l'habiller de la robe, plus modeste et plus en rapport avec ses mérites, de premier avocat général, je consentis, sur sa demande, à le recommander à Gambetta pour lui obtenir l'hermine du procureur général. Et nous réussîmes cette fois, car vous avez tous pu lire, imprimée sur un prétentieux vélin, cette mercuriale d'installation, que j'ai entendue débiter avec un toupet-d'Isocrate de police correctionnelle et dont mon ami Bladé a fait ressortir, avec autant d'esprit que de raison, les licences grammaticales, les hérésies et les pataquès à l'encontre du sens commun.

Convenons, toutefois, qu'en agissant de la sorte, M. Manau était en plein dans la logique de son rôle et de sa morale. J'étais une puissance déchue de laquelle il avait tiré tout ce qu'elle pouvait rendre de profitable à son ambition et à ses intérêts, jusques et y compris sa petite exploitation intime de l'écharpe municipale de la commune de Colomiers. Il était menacé dans sa position, fort mal défendue par le glorificateur fantaisiste et malavisé du Club des Jacobins et de la première Commune de Paris. Pouvait-il mieux faire que de se concilier par avance les bonnes grâces du nouveau préfet en écartant les ronces dont on paraissait vouloir hérisser son entrée en fonctions ? Ainsi fit-il avec plus de légèreté de cœur que de succès ; et je l'en plains beaucoup plus que je ne sais l'en blâmer, tant le cœur lui a saigné, dit-il, quand il a dû signer ses réquisitions contre moi et le mandat d'amener sous le coup duquel je trace ces lignes indépendantes.

VIII

Une autre particularité remarquable de la dernière lettre du général de Nansouty, c'est qu'elle nous révèle l'arrivée nocturne et mystérieuse de M. de Kératry à Toulouse.

Quelle était donc la pensée de mon successeur en devançant la publication officielle de sa nomination? Le *Journal officiel* du 21, qui l'annonce, ne parvint à Toulouse que dans la soirée du 25; que venait-il y faire dans la nuit du 21 au 22? Pourquoi allait-il droit au quartier général et pas à la préfecture? Pourquoi cet appel fait nuitamment au concours de la force armée? Pourquoi tout ce mystère et cette entrée clandestine dans une ville qu'on est appelé à administrer? J'y vois, et le lecteur y verra comme moi, la preuve qu'on avait dépeint au pouvoir, et par suite au nouveau préfet, notre bonne ville de Toulouse comme un repaire de forcenés et de rebelles dont celui qui écrit ces lignes était naturellement le chef *odieux*. Ne l'a-t-on pas aussi qualifié de *ridicule* quand, quelques jours plus tard, on s'est vanté d'une victoire qui n'avait seulement pas été disputée?

Ces renseignements mensongers et désobligeants, qui les a donnés? On le devine : *Is fecit cui prodest*. Nous n'en dirons pas d'avantage, car nous nous sommes promis de nous défendre sans accuser nominativement qui que ce soit.

Le lendemain du jour où il m'avait appris la sournoise et courte apparition de M. de Kératry, M. le général de Nansouty, impatient de voir la situation de la ville se détendre, me fit demander une entrevue par un de ses officiers. Je me rendis immédiatement à l'Arsenal, où je trouvai réunis les trois généraux qui commandaient à Toulouse et à peu près tout leur état-major. Je leur renouvelai ma ferme résolution de maintenir l'ordre et la tranquillité au nom du gouvernement de Versailles, le seul dont je reconnusse la légitimité, le seul de qui je tinsse un mandat, sur la durée duquel je n'avais plus d'ailleurs à m'abuser, puisque M. de Kératry en était déjà moralement investi. Mais j'entendais l'exercer loyalement jusqu'à ce que j'en fusse relevé.

Cette déclaration parut faire une vive impression sur l'esprit des trois généraux. Ils me conseillèrent alors de dégager ma responsabilité des événements qui pourraient se produire en armant tous les citoyens à Toulouse. L'intrigue royaliste avait passé par là comme par le cabinet de M. de Saint-Gresse, et nous n'aurons plus à nous étonner de trouver, deux ou trois jours plus tard, ces messieurs réunis, à la tête d'une légion de soldats du royalisme, épris tout à coup d'un amour capricieux et éphémère pour la garde nationale et M. de Kératry.

Je répondis à mes trois interlocuteurs que la création de nouveaux contrôles n'était pas chose prête et que, dans la situation aiguë de l'esprit public à Toulouse, une distribution d'armes, générale, ostensible, me paraissait grosse d'orages et de nature à nous amener infailliblement à la guerre civile ; qu'au surplus l'exécution pratique de leurs idées à ce sujet était une affaire essentiellement municipale et que j'allais de ce pas en causer avec le maire et ses adjoints.

Je me rendis au Capitole, où le *Journal officiel* du 21 venait d'apporter la confirmation de mon remplacement par M. de Kératry. Nous fûmes unanimes à voir dans ce changement de personnes un changement radical de politique et nous ne pensâmes plus les uns et les autres qu'à céder la place à de nouveaux administrateurs. C'est dire que nous ne songeâmes pas le moins du monde à donner suite aux idées d'armement général de la population, si chères alors aux monarchistes, qui n'en veulent déjà plus, d'ailleurs, se croyant maîtres de la situation.

En rentrant à la préfecture, je trouvai la lettre suivante que le Général Nausouty m'avait écrite après ma sortie de l'Arsenal :

Monsieur le Préfet,

Je n'hésite pas à vous communiquer la copie de la dépêche que j'adresse au chef du pouvoir exécutif :

« Je viens d'avoir une longue conversation avec M. Duportal,
» en présence de mes deux généraux de brigade. Par suite, je
» me crois autorisé à vous déclarer qu'il y a urgence de tenir
» compte des circonstances qui s'imposent à tous et de maintenir
» M. Duportal à son poste. »

Agréez, etc.

Il y tenait, le bon général ! Ce que c'est pourtant que de vivre en dehors des intrigues monarchiques et de sacristie et de ne pas soupçonner les incitations malsaines d'un procureur en déconfiture et les insomnies d'un rhéteur ayant une phrase révolutionnaire ampoulée et amphigourique sur la conscience. Aussi, le lui a-t-on fait voir d'une façon mexicaine, en lui retirant son commandement, après la

victoire remportée, place du Capitole, par le général Kératry , le colonel Saint-Gresse et le lieutenant-colonel Manau. — N'oublions pas non plus le major général de
Carbonel, puisque on vient de lui donner la rosette pour ce
haut fait d'armes devant un ennemi absent.

IX

Je viens de rendre compte de ma journée du 23. Celle du
24 fut naturellement consacrée aux soins de mon déména-
gement de l'hôtel de la préfecture, soins vulgaires dont je
ne parle ici que pour répondre à ceux qui ont prétendu ou
feint de croire que la proclamation de la Commune devait
m'être exclusivement imputée parce qu'elle avait eu principa-
lement pour but de me maintenir en fonctions. J'établirai,
au contraire, par témoins, si on m'y oblige, que tout était
disposé pour recevoir mon successeur à l'heure que je lui
assignai pour le lendemain, comme on le verra par la suite
de ce mémoire.

Ayant reçu ce jour-là du gouvernement l'ordre d'organiser d'urgence des bataillons de volontaires pour la défense de l'Assemblée et d'envoyer, au besoin, les bataillons
de mobiles et de mobilisés dont je pourrais disposer, je
convoquai pour le lendemain à une heure, dans mon cabinet, par voie d'affiche et d'insertion dans tous les journaux,
les officiers des gardes civiques, nationale, sédentaire, mobile
et mobilisée, pour concourir à l'organisation de ces bataillons. — Appel naïf d'un gouvernement troublé, que les
défaillances de la jeunesse de l'Empire devant l'ennemi
n'avaient pas suffisamment éclairé et qui espérait trouver
des défenseurs pour son principe et sa représentation quand

le désaccord entre l'une et l'autre était aussi complet que possible. Je dirai tout à l'heure ce qu'il advint de cette convocation, qui m'amena plus d'ergoteurs que de soldats.

Le soir de ce même jour, 24, vers les neuf heures, une lettre me fut apportée à la préfecture par M. de Puymirol, un ami de M. de Kératry qui s'est fait une petite notoriété locale par la patience stoïque avec laquelle il attendit que M. Eugène Garcin voulût bien quitter la sous-préfecture de Muret, que, par une coïncidence remarquable, Jules Simon et Millière s'étaient accordés à lui conseiller de n'abandonner que pour une préfecture de troisième classe ou une sous-préfecture de première. C'est du moins ce qu'il nous a donné à entendre.

La lettre apportée par M. de Puymirol était ainsi conçue :

A Monsieur Armand Duportal, préfet de la Haute-Garonne.

24 mars 1871, midi.

Monsieur le Préfet,

Appelé par le Gouvernement à la préfecture de la Haute-Garonne, j'ai jugé convenable, avant d'arriver officiellement à Toulouse, d'attendre que le *Journal officiel* eût annoncé ma nomination ; d'autant plus que la déclaration loyale de soutenir le Gouvernement de Versailles, le seul légal, faite par vous aux généraux, était pour moi un gage précieux de la tranquillité du département assurée par son premier magistrat.

Votre parole engagée d'appuyer le Gouvernement de Versailles, qui représente aujourd'hui les destinées du pays, m'est un garant que nous marcherons unis dans la pensée d'éviter à la ville de Toulouse les violences par lesquelles on a prétendu déshonorer Paris, et dont nous voulons tous deux sauver la République et le département.

Je vous serai obligé de vouloir bien me communiquer votre réponse écrite par l'intermédiaire de la personne de confiance à qui je remets cette lettre.

Agréez, Monsieur le Préfet, l'assurance de mes sentiments très distingués

Comte E. DE KÉRATRY

Que s'était-il donc passé dans l'esprit de M. de Kératry, que ce concours vainement cherché d'abord au quartier général, il se résignât à le demander à un homme auquel le Gouvernement venait de retirer sa confiance ? Il fallait donc à toute force un chaperon au préfet du choix de M. Picard, malgré l'appui latent de M. Manau, malgré les *forces suffisantes* annoncées par M. Thiers dans sa dépêche au procureur général, malgré la confiance tapageuse de M. de Kératry dans cette tranquillité publique assurée par mes engagements envers le Gouvernement de Versailles !

Au fait, que pouvait attendre de moi M. de Kératry ? Que je le présentasse à mes concitoyens, du haut du balcon de la préfecture, comme le meilleur représentant de la meilleure des républiques ? Franchement, je ne le pensais pas. Et puis je ne me sentais pas assez.... Lafayette pour renouveler, même en petit, cette méchante plaisanterie. L'affectation avec laquelle mon malin successeur parlait de mes engagements envers le gouvernement frisait l'impertinence. Or, je ne passe généralement pas pour pratiquer les vertus négatives du renoncement catholique. Je me devais donc à moi-même de retirer ma main à qui me tendait la sienne avec tant de perfidie. Je répondis à M. de Kératry en conséquence.

Toulouse, 25 mars 1871.

Monsieur le Comte,

Vous me demandez mon concours pour assurer l'ordre et la tranquillité dans notre ville, au moment où vous allez prendre possession de la Préfecture de la Haute-Garonne, et vous invoquez, pour justifier cet appel, la déclaration de fidélité au Gouvernement de Versailles que j'ai faite en présence des généraux de Nansouty et Lefebvre-Desnoëttes et de plusieurs de mes concitoyens.

Quelque honorable que soit pour moi cette ouverture, je regrette de ne pouvoir y répondre selon vos désirs. Les rapports de gouvernants à subordonnés sont basés sur une confiance réciproque. En retirant la sienne à un homme éprouvé comme moi, le Gouvernement de Versailles m'a donné la mesure exacte de celle que je lui dois. En second lieu, dans les temps difficiles que nous traversons, les responsabilités doivent être entières, et vous ne trouverez pas mauvais que n'ayant partagé avec personne celle que j'ai acceptée depuis près de sept mois, je ne veuille, à compter de ma sortie de la préfecture, n'avoir à répondre que des actes individuels du simple citoyen et du journaliste que je serai demain.

Je vous convie à venir assister à la réunion que j'ai provoquée des officiers de nos diverses milices, pour organiser les bataillons de garde constitutionnelle demandés par le gouvernement. Elle aura lieu aujourd'hui, à une heure après-midi, à la préfecture. Ce sera pour le nouvel administrateur du département une excellente entrée en fonctions, et pour celui qui se retire une occasion non moins bonne de constater qu'il a tenu jusqu'à la dernière heure ses engagements envers le pouvoir qui l'a méconnu.

A compter de ce moment, je resterai complètement étranger à l'administration du département.

Agréez, etc.

ARMAND DUPORTAL.

J'écrivis en même temps à M. de Nansouty la lettre suivante, que je lui devais après notre dernière conversation de l'Arsenal, et qui complète, je l'espère, la démonstration de l'entière loyauté avec laquelle j'ai servi jusqu'à la dernière heure le gouvernement de Versailles et tenu les engagements ironiquement invoqués par M. de Kératry :

Toulouse, le 11 mars 1871.

Monsieur le Général,

A ma proposition d'armement général de tous les citoyens, la Mairie de Toulouse a répondu par une démission en masse, motivée sur l'insertion de mon remplacement au *Journal officiel*.

D'un autre côté, M. de Kératry, qui n'avait fait qu'une fausse sortie (1), est de retour à Toulouse et me demande mon concours pour assurer le calme et la tranquillité de la ville, à l'occasion de sa prise de possession de la préfecture.

Le silence du Gouvernement, après vos sages et prudents avis, ajoute au refus de confiance qui résulte de mon remplacement sans avis préalable Je n'ai plus qu'à rentrer dans la vie privée et à décliner toute responsabilité dans les faits qui pourront se produire à Toulouse.

Comme dernier gage de ma fidélité à mes devoirs, j'assisterai aujourd'hui à la réunion des officiers de toutes nos milices, que j'ai convoqués pour organiser des bataillons de garde constitutionnelle. J'y convie M. de Kératry. Ce devoir accompli, je

(1) Ducasse a dit avec raison que tout ceci n'avait été qu'un vaudeville.

resterai complètement étranger à l'administration du départe-
tement.

Je vous remercie du concours que vous avez bien voulu donner à mon administration et des témoignages d'estime et de sympathie personnelles que j'ai reçus de vous. J'en con- serve un souvenir auquel mes amis sont heureux de s'associer.

Veuillez agréer, etc.

Je cite à dessein toutes ces lettres et j'insiste sur la netteté des déclarations qu'elles contiennent, parce que tout à l'heure nous surprendrons M. le premier président de Saint-Gresse, nouveau Laubardemont, y voir la preuve de mon entente avec le gouvernement de Paris.

M. de Kératry ne vint pas au rendez-vous que je lui avais donné, soit que la prise de possession par moi pro- posée lui parût trop bourgeoise, soit que le triumvirat qui semblait tant tenir à dramatiser ma sortie de la préfecture et à jouer le rôle des grandes utilités à l'installation de mon successeur, le lui eût déconseillé.

<h2 style="text-align:center">X</h2>

Le moment est venu, en effet, de signaler l'intervention parasite dans les affaires de l'administration de M. le pre- mier président de Saint-Gresse, de M. le procureur général Manau et de M. le procureur de la République Delcurrou. Je ne méconnais pas le droit qu'avaient ces magistrats de se préoccuper de tout ce qui pouvait tendre à trou- bler la tranquillité publique. Mais comme ils ne s'étaient pas trop mal trouvés jusqu'à ce jour de s'en rapporter à cet égard à leur *cher et vénéré Préfet,* j'ai lieu de m'éton-

ner de les voir se prendre tout à coup d'un si beau feu pour
. M. Thiers, pour l'Assemblée rurale, pour l'armement des
royalistes , l'Arsenal de Toulouse et la charge en douze
temps.

Le cas de M. de Saint-Gresse m'était connu depuis
Léotade. J'en avais constaté un indice nouveau lorsque,
après avoir accepté ma défense, dans l'affaire de la sous-
cription Baudin. le sentiment de son impuissance lui fit
refuser de plaider pour moi après la magnifique défense
de M⁰ Piou pour le *Progrès libéral*. Mais je pensais
que le brevet. d'inamovibilité décerné par Iscariote
Crémieux à sa simarre cagote nous mettait tous à
l'abri des retours inopinés d'un christicole révolutionnaire, également fourvoyé dans la démocratie socialiste et dans la magistrature. J'étais surtout loin de
m'attendre qu'un méchant petit procureur de Die, éplu-
chant l'*Œuvre judiciaire de maître Crémieux,* irait déni-
cher une perle révolutionnaire en faveur du Club des Jacobins et de la Commune de Paris dans le fatras oratoire où
l'éclectique premier président vantait simultanément la
grande lumière de Dieu décrétée par la Convention nationale et sa reconnaissance personnelle pour la *courageuse
initiative* de M. le premier, son prédécesseur; à la charge
duquel l'impudent et prolixe procureur général Manau
nous avait raconté tant de choses dans l'*Emancipation*.

Maudit procureur de la République de Die, qui nous a
valu tout ce beau zèle réactionnaire, dont il nous faut relever ici les actes, les paroles et les écrits, au grand détriment de nos sentiments de vieille amitié, du relief nécessaire à la magistrature, mais au souverain et légitime profit
de la vérité !...

Les premiers symptômes de cette monomanie nouvelle de notre premier magistrat se révélèrent après le 18 mars. A la suite des événements de Paris, M. de Saint-Gresse, qui, d'ordinaire, envoyait prendre l'aire du vent politique à la préfecture, convoqua dans une réunion intime, chez lui, le Préfet, le Maire de Toulouse, le Procureur général, M. l'avocat général Pelleport et l'inévitable M. Delcurrou. L'entrevue fut triste comme la situation politique qui la motivait. Frère, il faut mourir!... telle est la traduction mystique et triviale de l'expression de chaque visage, sans en excepter la face socratique du maître de la maison. Il arrivait de Bordeaux, comme il est arrivé tout récemment de Versailles, comme vous l'avez vu plusieurs fois revenir de Tours. Le soleil a de ces attractions puissantes pour les aigles de tous les milieux. Il avait rapporté de son voyage aux rives officielles un bulletin détestable de la vitalité des fonctionnaires républicains, à ce point que sa bienheureuse inamovibilité ne semblait au plus sceptique de nous qu'un médiocre paratonnerre contre la foudre monarchique.

Tout à coup, rompant de sa voix sonore le léger murmure de ce véritable office des morts :

— Nous sommes pourtant tous ici pour le gouvernement de Versailles, nous dit-il en interrogeant du regard Castel-bou et moi, qu'il soupçonnait, qu'il désirait peut-être être favorables à l'insurrection parisienne.

— Certainement! répondîmes-nous tous à l'unisson.

Alors, élevant encore de plusieurs tons le diapason de son baryton oratoire, et comme si nous eussions tous dit *Racca* à son insidieuse ouverture, il nous développa, avec l'ampleur verbeuse et l'abondance de gestes que nous lui connaissons tous, la théorie favorite de la souveraineté nationale, le thême banal du respect dû au suffrage universel, avec les variations d'usage sur les mœurs républicaines et la suprématie invincible des majorités. Vous voyez ça d'ici, vous tous qui avez entendu, même une seule fois, cette éloquence émaillée à chaque phrase du correctif « en quelque sorte » et invariablement agrémentée de la transition ingénieuse : « Je reprends. »

— Vous prêchez des convertis, lui dis-je, en interrompant sa période à un de ces heureux intervalles que le fonctionnement des poumons commande aux robinets oratoires les plus continus.

— Mais tout le monde ne partage pas cette manière de voir ! me répondit l'avocat officieux de la souveraineté nationale, visiblement contrarié de ne pas rencontrer d'adversaire à pourfendre.

Et, après l'avortement de plusieurs tentatives de ce genre pour engager une discussion sur les événements de Paris, nous nous séparâmes sans avoir rempli l'objet de la réunion, qui, j'ai tout lieu de le croire, était, dans la pensée de M. de Saint-Gresse, de sauver la société menacée par le radicalisme suspect du préfet de la Haute-Garonne.

XI

Le 25 mars, au matin, nouvelle et double tentative de salut social par le triumvirat républicain que vous savez.

J'ai déjà dit que le grand cheval de bataille enfourché par la réaction monarchique à la fin de mars consistait à réclamer l'armement général de la population multicolore de la ville. MM. Saint-Gresse, Manau et Delcurrou ne firent faute de saisir ce moyen de se concilier les bonnes grâces des ennemis de la République. Quelques heures avant de quitter la préfecture, je reçus d'eux la lettre suivante, avec la suscription *Très urgente*. D'autant plus urgente en effet qu'elle perdait toute sa signification si, retardée de quelques heures, au lieu de parvenir au préfet revêche à l'armement des royalistes, elle venait échouer dans la corbeille aux vieux papiers du préfet dont le système défensif de la République à Toulouse reposait sur l'organisation d'une milice de verdets sous le commandement de M. de Carbonel. Les résultats de cette tentative ont été si heureux, que j'en dois faire ici mes compliments à MM. Saint-Gresse, Manau et Delcurrou, car les royalistes sont aujourd'hui les premiers à demander la dissolution de toutes les gardes nationales. Quoi qu'il en soit, voici leur lettre :

Toulouse, le 25 mars 1871.

Monsieur le Préfet,

Nous avons reçu en même temps que vous dans la soirée d'hier la dépêche du Chef du pouvoir exécutif de la République française, qui recommande aux autorités de veiller à l'organisation des bataillons constitutionnels destinés à la garde de l'Assemblée réunie à Versailles.

Au moment où vous allez faire procéder à la formation de ces bataillons, c'est un devoir pour nous de vous informer qu'un grand nombre de citoyens sont venus se plaindre de n'avoir pas encore été inscrits sur les contrôles de la garde nationale. Ils réclament avec instance l'exécution des lois du 22 mars 1831 et du 1er juillet 1850, qui donnent à tous ceux qui sont âgés de plus de vingt ans et qui ne sont compris ni dans les exceptions ni dans les incapacités légales, le droit d'être armés pour la défense de l'ordre, de la liberté et du gouvernement de la République. Ils demandent à remplir leur devoir de bons citoyens.

Nous sommes convaincus, Monsieur le Préfet, que vous pensez que, dans la situation douloureuse où se trouve le pays, l'heure est venue de donner satisfaction immédiate à ce patriotique désir.

Le Procureur général   *Le Premier Président*   *Le Procureur de la République à Toulous,*

MANAU   CH. DE St-GRESSE   DELCURROU

Rien n'obligeait certainement ces magistrats à intervenir dans cette question administrative, que des considérations politiques d'un ordre étranger à leurs attributions dominaient de tout l'intérêt que les républicains portent à la conservation de la République. En citant la lettre qui précède, j'ai eu pour but de signaler aux hommes de mon parti dans quel ordre d'idées on nageait alors dans les eaux du parquet républicain de Toulouse; et, reliant ce que j'ai déjà constaté à cet égard aux faits qui vont suivre, montrer de quel côté on a risqué de compromettre la tranquillité publique dans notre ville, au mois de mars dernier.

XII

J'avais à peine pris connaissance de l'*invite au Carbonel* décochée par le triumvirat du parquet, que je vis ce triumvirat lui-même entrer dans mon cabinet. Son allure était grave comme à l'ouverture d'une audience. Je me disposais à répondre verbalement à l'écrit de ces messieurs, lorsque le regard inquiet de M. de Saint-Gresse, furetant les coins et recoins de la pièce, me fit comprendre qu'il s'agissait d'un sujet encore plus important, d'un entretien intime et solennel. Je tirai vers moi toutes les portes et ouvris de mon mieux le tympan de mes deux oreilles.

— Que va-t-il se passer ce soir, me dit M. de Saint-Gresse.

— Dans une heure, lui répondis-je, M. de Kératry, qui m'a écrit et auquel j'ai donné rendez-vous ici pour deux heures, sera installé à mon lieu et place ; et pour la première fois depuis près de sept mois, je dormirai ce soir chez moi d'un sommeil qui ne sera pas encore troublé par les inquiétudes du journaliste et qui ne le sera plus par les préoccupations du préfet.

— C'est donc bien irrévocablement que M. de Kératry vous remplace ?

— Bien irrévocablement.

— Sans compensation pour vous ?

— Sans compensation.

Et mes trois crocodiles, dont l'un avait dans sa poche la dépêche congratulative du Chef du pouvoir exécutif, se livrèrent à des considérations humanitaires sur les hasards de la vie publique et l'ingratitude aveugle des gouvernements, desquelles il était facile d'inférer tout ce que je venais de perdre dans l'estime de ces fonctionnaires.

Je cherchai une réplique facile et une contenance dans la lecture de la correspondance que j'avais échangée la veille et le matin avec le général Nansouty et M. de Kératry. M. de Saint-Gresse, que cette lecture avait visiblement contrarié, me dit quand j'eus fini de lire :

— Tout cela me prouve que vous êtes dévoué au Gouvernement de Paris plutôt qu'à celui de Versailles.

— Je vous ai dit le contraire et je vous défends d'en douter ! répliquai-je.

Et comme, par l'expression de mon visage, j'avais donné

à cette défense une énergie particulière, M. de Saint-Gresse chercha à son tour un refuge dilatoire dans le lieu commun accoutumé sur la souveraineté nationale et sur le respect des majorités, que nous lui avons tous entendu débiter à tout propos.

— Mais enfin, reprit-il, que va-t-il se passer ce soir ?

— Je n'en sais absolument rien, lui dis-je. Mais voici M. le chef de la sûreté publique qui nous apprendra peut-être quelque chose.

Et, en effet, M. Cavarré, qui entrait en ce moment, fut questionné par M. de Saint-Gresse sur les événements probables de la journée.

M. Cavarré ne put nous faire pressentir autre chose qu'une prise d'armes de la garde nationale, dans le but de venir témoigner ses sympathies au préfet révoqué.

M. de Saint-Gresse me demanda, je crois, d'intervenir pour dissuader la garde nationale de toute manifestation.

J'essayais de lui démontrer qu'il y aurait présomption avantageuse de ma part à préjuger les sentiments de la garde nationale envers moi, lorsque M. Cavarré mit un terme à la conversation en déclarant qu'il était trop tard, que les hommes étaient convoqués ou rendus aux points de réunion, et que, d'après ses informations, rien ne pourrait faire renoncer la garde nationale à la manifestation projetée.

Messieurs de la Cour se retirèrent et plus n'ai reçu de leurs chères nouvelles que par l'entremise des commissaires de police, des gendarmes, de la force armée et des argousins. La suite de ce récit prouvera peut-être qu'ils ont mis plus de bonne volonté que de justice pour qu'il en fût ainsi.

XIII

Nous approchons de la crise, car nous ne nous attarderons pas à raconter la réunion des officiers des diverses gardes, mobile et mobilisée, qui se perdit dans des discussions oiseuses et dilatoires et ne produisit que quatre inscriptions de volontaires. J'ai déjà dit que M. de Kératry ne s'y rendit pas et qu'ainsi je ne me trouvai pas complètement dégagé de mes fonctions à l'heure que j'avais prévue.

J'avais, en effet, proposé à M. Antonin Mulé, secrétaire général, de prendre la signature en attendant l'arrivée de M. de Kératry ; mais il avait décliné ce mandat et avait répondu à mes propositions par la lettre suivante, qui témoigne une fois de plus de la généralité du pressentiment des faits qui devaient se produire à ma sortie de la préfecture :

Toulouse, 25 mars 1871.

Monsieur le Préfet,

Le décret du gouvernement de la République qui désigne un nouveau-préfet du département de la Haute-Garonne peut entraîner, au point de vue du maintien de l'ordre à Toulouse, un conflit dont je ne saurais, si peu que ce soit, accepter la responsabilité.

J'adresse, en conséquence, à M. le Ministre de l'Intérieur, à Versailles, ma démission de secrétaire général de la préfecture et je vous fais parvenir ma lettre d'envoi pour que vous ayez l'obligeance de la transmettre par voie administrative à son adresse.

Si rien ne s'oppose à la réalisation de ce désir, je vous prierai d'aviser d'ores et déjà, par un télégramme, M. le Ministre de l'Intérieur de ma démission

Recevez, etc,

A. MULÉ

Et comme je fesais mine d'ajourner l'expédition du télégramme qu'il me demandait, M. A. Mulé l'envoya lui-même, usant pour la dernière fois du droit de signer les dépêches à mon lieu et place.

XIV

Libre, quoi qu'il en soit, de toute obligation administrative, je quittais, vers deux heures de l'après-midi, l'hôtel de la préfecture et j'en descendais l'escalier lorsque je vis la cour du palais national traversée par le corps d'officiers de la garde sédentaire, dont j'avais remarqué l'absence générale à la réunion qui venait d'avoir lieu. On m'annonça en même temps que ces messieurs demandaient à être reçus et introduits auprès du préfet. Je remontai l'escalier et fis ouvrir les portes d'un des salons, qui fut bientôt littéralement envahi par une centaine d'officiers et par un grand nombre de personnes admises avec eux dans la cour de la préfecture, où se trouvaient également en ce moment M. de Saint-Gresse et ses auxiliaires inséparables, distribuant des poignées de main fraternelles aux officiers de leur connaissance.

N'ayant qu'un souvenir confus de la très émouvante scène qui eut lieu alors, j'aime mieux reproduire ici le récit de l'*Emancipation*, qui me parut assez fidèle lors des événements, et par lequel je ne saurais mieux remplacer ma propre version, puisqu'on a prétendu que ce journal était fait sous mes inspirations. Un récit contemporain écrit sous l'impression et dans l'entraînement des faits n'encourra pas du moins le reproche d'avoir été rédigé pour les besoins de la cause.

On lisait dans l'*Emancipation* du dimanche 26 mars :

« Le corps d'officiers de la garde nationale sédentaire au grand complet est entré un instant après. Ils ont rencontré le préfet quittant la préfecture, ainsi qu'il l'avait annoncé à M. de Kératry. M. Duportal étant revenu sur ses pas pour leur donner audience, MM. les officiers lui ont déclaré à l'unanimité que, loin de soutenir l'Assemblée, ils étaient prêts à marcher contre elle.

» M. Duportal leur a alors appris que n'étant plus préfet, il ne pouvait se charger de transmettre leurs dispositions au Gouvernement.

» Les officiers ont déclaré, à leur tour, que si le Gouvernement ne voulait pas rompre avec l'Assemblée et faire la paix avec les parisiens, ils étaient prêts à proclamer la *Commune* comme expression de leur répugnance contre les auteurs de toutes les difficultés de la situation A ce mot de *Commune,* des cris enthousiastes de Vive la Commune ! Vive Paris ! ont éclaté de toutes parts, et les officiers ont ajouté qu'ils étaient à cet égard les interprètes de la garde nationale tout entière, réunie en ce moment en bon ordre sur la place de la préfecture. Le préfet leur a donné acte de cette déclaration et les officiers, prenant la tête de leurs compagnies respectives, se sont dirigés vers la place du Capitole, où un piquet d'honneur a en quelque sorte entraîné le préfet lui-même. »

Ce que ce récit ne dit pas, c'est la véhémence du langage des officiers, l'impossibilité où je me suis trouvé de la dominer du moment que la cessation de mes fonctions leur a été connue, et l'obligation où j'ai été, pour avoir un dérivatif à leur colère anti-royaliste, de leur dire que la proclamation de la Commune étant une manifestation essentiellement municipale, c'est au Capitole qu'ils devaient en porter le centre et le foyer.

Ainsi délivré de cette espèce d'invasion de l'hôtel national, et croyant la place de la préfecture libre, j'ai repris mon chapeau et ma canne pour me rendre chez moi, accompagné de mon fils. Mais j'ai trouvé la place encore occupée par la garde nationale, et aux cris de Vive la Commune ! Vive Paris ! Vive Duportal ! j'ai été entouré par un piquet de gardes nationaux qui m'a conduit de vive force au Capitole. De vive force est bien le mot, car je prouverai que j'ai fait plusieurs tentatives d'évasion et je produirai le témoignage de personnes qui m'ont entendu dire : « Laissez-moi m'en aller ; j'ai l'air d'un criminel ! »

XV

Conduit au Capitole malgré moi, j'ai assisté à la plus confuse des discussions sur le manifeste à rédiger, sur la composition de la Commission exécutive et la désignation du président de cette Commission. Cette présidence me fut offerte avec insistance. Je la déclinai au nom des convenances les plus élémentaires, au nom du repos dont j'avais besoin, au nom même de ce sentiment de pudeur qui me commandait d'écarter tout soupçon d'avoir voulu me perpétuer par la Commune dans mes fonctions de préfet.

Loin de me sauver, cette considération me perdit. Ceux qui s'obstinaient à me voir à la tête du mouvement se cramponnèrent à cette idée que je ne devais pas, en effet, quitter la préfecture, qu'il fallait à tout prix en interdire l'accès à M. de Kératry, dont on avait même déjà annoncé l'arrestation par la garde nationale. En désespoir de cause, je sollicitai de MM. les officiers quelques jours de calme et de repos au sein de ma famille ; et ce dérivatif *in extremis* m'aurait peut-être réussi sans l'intervention de trois républicains éprouvés, ardents, radicaux qui invoquèrent tout mon passé politique, parlèrent de désertion et insinuèrent qu'après avoir joui pendant six mois des avantages d'une position administrative bien rétribuée, il serait étrange que j'entendisse me retirer sous la tente au moment des périls et des compromissions.

J'avais certes fait mes preuves, autant et beaucoup plus que ceux qui tinrent ce langage ; je pouvais, je devais pour l'affirmation de l'indépendance de mon caractère, ne pas céder à cette pression perfide, aussi injuste que déloyale. Je n'en eus pas le courage, je cédai et me laissai confirmer par la Commune dans mes fonctions de préfet. Voilà mon tort, mon tort unique. Il nous reste à voir si je ne l'ai pas effacé par l'usage que j'ai fait ou n'ai pas fait de cette délégation révolutionnaire.

Fort embarrassés par mon refus de présider à leurs délibérations, les officiers s'adressèrent à M. Castelbou, à M. Leygue, qui se retranchèrent dans leur rôle de municipalité démissionnaire et remplacée de fait par la Commune. Castelbou me supplia même d'user de l'influence que je paraissais exercer sur ces messieurs pour obtenir qu'on le laissât en dehors du mouvement. Il « demandait à s'en aller » comme Lepeintre jeune (1), comme moi-même, comme tout le monde, excepté les trois forcenés dont je parlais tout-à-l'heure, et que nous verrons bien faire le plongeon à leur tour quand l'heure de la capitulation aura sonnée.

Il est certain que nous nous trouvions là au milieu d'un personnel politique qui m'était à peu près complétement inconnu. Des quatre chefs de bataillon, que leurs fonctions fesaient les chefs naturels de l'équipée, je ne connaissais que MM. Calvet et Valette. Je n'avais jamais vu ni M. Laval, ni M. Proust. Je n'avais de ma vie adressé la parole à M. Dunac. Muratet était pour moi une légende transatlantique et Saint-Gaudens un conspirateur de mélodrame, un général de comédie. Quant aux autres,

Si j'en connaissais un, je veux être pendu.

J'éludai la question de la Commission exécutive et de la présidence, en faisant remarquer à messieurs les officiers que la garde nationale ayant seule pris l'initiative et la responsabilité du *pronunciamento* communaliste, c'était à elle — à elle exclusivement — qu'il appartenait de faire ce choix et ces nominations, dans une réunion intime des officiers, qui fut arrêtée et convenue pour le soir. Cette façon d'ajourner la difficulté obtint un succès d'enthousiasme dans un milieu où la solution Castelbou paraissait gagner considérablement de terrain.

On devine quel *imbroglio* dut être la discussion d'un programme et d'un manifeste dont le besoin se fesait impé-

---

1) Toujours le vaudeville de Ducasse.

rieusement sentir pour la galerie, croquant le marmot sur le forum du Capitole. Valette y mit heureusement un peu d'ordre ; et c'est probablement ce qui le fit nommer maire, deux jours après, par le communeux Kératry, qui, paraît-il, cachait son jeu et le cachait si bien qu'il n'a pas été mis en cause, pas plus que son complice Valette.

XVI

Vint le moment de la rédaction du manifeste. Cette besogne rentrant dans ma spécialité, je fus prié de sortir de mon rôle de spectateur et de prêter le concours de ma plume. Je m'exécutai d'autant plus volontiers que la discussion venait de me révéler une Commune à l'eau de rose, une Commune constitutionnelle, une Commune-vaudeville. Je passai dans le cabinet du maire et en ressortis quelques minutes après, rapportant le *factum* suivant, que ne désavouerait certainement pas l'orthodoxie américaine de M. Henri Ebelot, maire de Toulouse, la coqueluche des hommes d'ordre dans la République bourgeoise.

« La garde nationale de Toulouse, réunie à l'occasion de la création de bataillons de garde constitutionnelle et de l'installation de M. de Kératry en qualité de Préfet de la Haute-Garonne, a proclamé, aujourd'hui à deux heures, l'organisation de la *Commune,* aux cris de : Vive Paris !

» Le corps d'officiers de la garde nationale sédentaire constitue la *Commune de Toulouse.*

» La Commune déclare M. de Kératry déchu de son titre de Préfet et maintient le citoyen Duportal en qualité de délégué du pouvoir central,

» La Commune déclare vouloir la République une et indivisible ; et elle adjure les députés de Paris d'être les intermédiaires d'une transaction désirable entre le gouvernement de la République et le peuple de Paris,

» Dans ce but, elle somme le gouvernement d'avoir à dissoudre l'Assemblée nationale, comme ayant accompli le mandat pour lequel elle a été élue, comme étant la cause de toutes les difficultés présentes, et le fruit de la peur et de la corruption cléricale,

» Elle adhère aux préliminaires de la paix, et demande que, pour délivrer le plus tôt possible le sol de la patrie de la souillure de l'étranger, des mesures énergiques soient prises pour faire payer, sans délai, les frais de la guerre à ceux qui en ont déchaîné le fléau sur le pays, et conclu une paix ruineuse et humiliante.

» La Commune de Toulouse fera respecter toutes les opinions, et assurera la conservation de tous les intérêts publics et privés, mais elle sévira avec vigueur contre toute tentative de perturbation.

» Son but est de mettre la République à l'abri des conspirations monarchiques de toute sorte et d'arriver par le concours qu'elle entend donner à la représentation radicale de l'Assemblée, à la disparition de tous les malentendus qui prolongent nos déchirements.

» Vive la République une et indivisible ! »

Non, mille fois non, je ne désavoue pas cet écrit ; je m'honore de l'avoir formulé, car à part le mot de Commune qui n'a là qu'une signification de circonstance, il ne contient rien que d'avouable, rien que n'aient pensé tous les républicains, depuis Delescluze jusqu'à Jules Simon. Il faut être atteint de monomanie, céder à une idée fixe d'incrimination, être en proie à la jaunisse du réquisitoire pour y voir toutes les abominations qu'y dénonce une proclamation répandue dans la ville le soir du 26 mars, et signée des trois magistrats que nous voyons, dans toute cette affaire, incessamment tourmentés de l'idée de pour-, suivre quelqu'un, d'incriminer quelque chose.

Quel gouvernement la Commune de Toulouse reconnaissait-elle ? — Le gouvernement de Versailles, dont elle demandait la réconciliation avec le peuple de Paris.

Quelle République proclamait-elle ? — La République *une* et *indivisible*.

En dehors de son titre, purement nominal, de *Commune,* quel encouragement, quelle adhésion donnait-elle aux événements de Paris ? — Rien absolument que la constatation du cri de Vive Paris ! poussé par la population. Oui, Vive Paris ! car sans notre capitale héroïque, les royalistes auraient déjà consommé depuis longtemps l'attentat qu'ils méditent contre la République. Vive Paris ! car la fin de son insurrection a été le signal de l'insurrection parlementaire. Vive Paris, même souillé, comme on dit, de sang et de crimes ! car les malheurs que la terreur blanche nous prépare absoudront un jour les événements lamentables auxquels nous avons eu la douleur d'assister.

Le manifeste qu'on vient de lire est uniquement dirigé contre les royalistes de l'Assemblée, contre l'Assemblée elle-même, si vous voulez. Mais depuis quand est-il interdit de discuter l'étendue et la durée d'un mandat limité par les termes même de l'acte diplomatique qui l'a fait naître, par les préliminaires de Versailles ? Depuis quand est-il défendu de dire que les intrigues monarchiques de l'Assemblée prolongent nos déchirements ? La Commune de Toulouse n'a pas dit autre chose, et le Conseil municipal de cette ville vient de voter une adresse au Chef du pouvoir exécutif qui ressemble furieusement au manifeste incriminé.

Pour mon compte personnel, j'étais d'autant plus autorisé à pousser à la dissolution de l'Assemblée, qu'un des ministres de M. Thiers m'avait dit à Bordeaux, pendant que j'étais encore préfet : « Il faut parquer cette Assemblée dans son mandat spécial, qui est de conclure la paix, et procéder au plus vîte à l'élection d'une Constituante, sous l'empire d'une loi électorale qui assure aux villes républicaines une légitime représentation. »

Enfin le manifeste poussait la perversité révolutionnaire jusqu'à professer le respect des opinions, la conservation des intérêts publics et privés et la répression de toute tentative de perturbation. Voilà, il faut en convenir, de bien dangereux anarchistes !

La Commune de Toulouse avait donc un manifeste !... Il fut décidé qu'il serait lu du haut du balcon du Capitole. On fit naturellement appel aux ressources vocales que l'on me connait, comme on avait mis en réquisition les réserves de ma rhétorique en disponibilité. Je me récusai pour ne pas sortir de mon attitude passive et prêter i'autorité de mon et de ma présence à cette lecture. Voilà comment le brave et placide Saint-Gaudens devint le gérant ou éditeur responsable de ma prose inoffensive et des faits et gestes de plus madrés que lui.

Quelques minutes après la lecture faite du haut du balcon du Capitole, j'adressais au ministre de l'Intérieur la dépêche suivante qui résume à merveille tout ce que je voyais de politique dans l'acte de la garde nationale de Toulouse.

La Commune est proclamée à Toulouse par la garde nationale, qui s'est opposée à l'installation de M. de Kératry.

Une proclamation signée de tous les officiers adjure les députés de Paris d'intervenir pour amener une transaction désirable entre le gouvernement et le peuple de Paris.

La Commune demande la dissolution de l'Assemblée nationale comme ayant accompli son mandat et comme étant la cause de tous nos déchirements.

L'ordre n'a pas été troublé un seul instant.

XVII

Le soir, le corps d'officiers de la garde nationale se réunit dans la salle Clémence-Isaure pour procéder à la nomination de la Commission exécutive. La consigne était si sévère à la porte, les pékins en étaient si sévèrement exclus, que m'étant présenté pour pénétrer dans le cénacle, je fus impitoyablement éconduit. Plus tard, un officier vint me prier de ne pas me formaliser d'une exclusion qui atteignait même les officiers des mobilisés, dont les collets rouges étaient exclus au profit absolu des collets blancs de la sédentaire.

J'entrai cependant un moment dans la salle des délibérations, et je pus me convaincre que la parole n'avait pas encore cessé d'être aux bavards, aux monteurs de coups, aux charlatans d'agitation, toujours empressés à se tenir à l'écart quand le moment du danger est venu, sauf à se représenter ensuite quand le dénouement pacifique s'annoncera. Voyant que la discussion menaçait d'être longue, je me retirai en catimini et j'allais me coucher.

Pendant la nuit, je fus réveillé par mon concierge, m'annonçant qu'une députation de la Commune, munie d'un pli à mon adresse, demandait à me parler. Je donnai l'ordre de recevoir le papier et de renvoyer la députation au lendemain. Le papier avait son importance, car il m'apportait un message que MM. les officiers de la garde nationale ont osé désavouer le lendemain. En voici les termes :

Les officiers de la garde nationale réunis ont délégué comme membres de la Commission exécutive de la Commune de Toulouse les citoyens :

FRUGIER, *lieutenant-colonel, Président ;*

DUNAC. *commandant-major,*

VALETTE, *chef de bataillon,*

PROUST, *id.*

LAVAL, *id.*

MURATET, *adjudant-major,*

CALVAYRAC, *capitaine*

ADER, *id.*

GROS, *id.*

ENCAUSSE, *id.*

VERDALE, *lieutenant,*

JOURNET, *id.*

REY, *id.*

REDON, *id.*

FRÉCHOU, *sous-lieutenant,*

AUDIBERT, *id.*

CALMETTES, *id.*

LAFRENÉ, *id.*

Le citoyen Duportal est prié de par les officiers réunis de faire placarder demain une affiche qui porte les noms ci-dessus comme faisant partie de la Commission exécutive de la Commune de Toulouse.

Le Secrétaire provisoire.

***

Je supprime la signature, car je ne veux signaler personne aux magistrats instructeurs que préside M. de Saint-Gresse.

Une chose me frappa à la lecture de cette pièce, c'est l'exclusion souverainement injuste du 4ᵉ chef de bataillon de la garde nationale : par son patriotisme, par la fermeté de ses convictions républicaines, par son initiative radicale de tous les instants, M. Antoine Calvet ne méritait pas d'être l'objet d'une exception regrettable. On ne pouvait pas prévoir en effet que, quelques mois plus tard, son frère, le juge de paix du canton ouest, libre-penseur radical de l'avant-veille, suivrait la procession en robe, avec ni plus ni moins de componction qu'un magistrat royaliste; — et l'eût-on prévu, il n'était pas juste d'en vouloir à son frère par anticipation et de l'exclure membre à titre de capitaine.

Une seconde remarque que je ne pus m'empêcher de faire, c'est que pas un des orateurs véhéments de la veille ne figurait sur cette liste des hommes d'action de la Commune, notamment les trois patriotes qui m'avaient fait une obligation civique d'accepter un rôle dans un mouvement que je n'avais pas provoqué et duquel les convenances les plus vulgaires me commandaient de me tenir éloigné.

Enfin, à côté de la demande formelle d'affiches que je

viens de reproduire, je dois à ma justification et à l'édification du public sur les étranges citoyens auxquels je m'étais
laissé livrer, je dois placer le désaveu effronté et poltron
qu'ils eurent le triste courage de publier, le lendemain
de leur capitulation. Sur une affiche que nous reprodui-
rons plus bas, on lisait :

« Il (Le Comité) proteste notamment contre les affiches
placardées en ville, lui attribuant la qualification de
Commune révolutionnaire.

» Depuis dimanche, au moment où ces affiches ont
paru, nous avons protesté par la voix du colonel Frugier,
duquel nous ne nous sommes jamais séparés.

» Nous protestons aussi contre la *pose des affiches elles-
mêmes* FAITES A NOTRE INSU. »

Cette reculade est signée du Comité exécutif tout entier,
même de l'officier qui m'avait, en qualité de secrétaire,
demandé l'impression de ces affiches, dont j'ai la demande
autographe et qui a été mis hors de cause par la justice in-
telligente de la Chambre des mises en accusation. Je produirai cette pièce, si on m'y oblige, car je suis bien résolu
à ne pas me laisser étouffer entre deux infamies par des
agents provocateurs, des rénégats, des faux-frères et des
couards. Je démasquerai toutes les turpitudes et ne prononcerai de noms propres qu'à la dernière extrémité. Mais
je les prononcerai, s'il le faut.

XVIII

Le dimanche matin 26, comme j'allais, à la demande de
la Commission exécutive, faire imprimer les affiches qu'elle
n'a pas craint de désavouer sous le prétexte naïf que la
Commune y était qualifiée de *révolutionnaire*, l'Admi-

nistrateur de l'*Emancipation* vint me prévenir que ce journal venait d'être saisi *à la poste* par ordre de M. le procureur *impérial*. — L'anachronisme était de circonstance. — Je demandai la cause, on l'ignorait; la nature du mandat, on n'en avait pas vu. Et, chose assez singulière, l'*Emancipation* continuait à se vendre dans les kiosques, chez les libraires, au bureau du journal, comme si tous les Delcurrou de la République eussent rejoint leurs dignes prédécesseurs de l'Empire. Je crus à un cauchemar, à à une erreur du directeur des postes ou à une aberration de ce bon M. Tressarrieu. Il m'était, en effet, difficile de comprendre qu'après avoir rempli près de sept mois la plus haute fonction politique du département sans qu'aucune poursuite eût été exercée contre la presse, — qui ne s'était pourtant pas montrée plus bienveillante et plus juste pour moi que pour le pouvoir, et n'avait cessé de nous calomnier l'un et l'autre, — l'*Emancipation* fût traquée et saisie le jour même où je reprenais la plume. Je devais d'autant moins croire à cette mauvaise fortune que, quelques jours auparavant, l'*Emancipation* ayant été saisie comme publication communaliste par les parquets de Castres et de Moissac, M. Delcurrou m'avait très lestement parlé de ses collègues, qu'il raillait de n'avoir pas su comprendre que l'ostracisme lancé par les instructions ministérielles contre les publications communalistes ne frappait que les produits de la propagande parisienne, mise hors la loi.

Lorsque j'eus acquis la preuve qu'il n'y avait ni erreur, ni cauchemar, ni malentendu, je fus si péniblement impressionné de cette mesure, accomplie en dehors de toutes les conditions de légalité par un fonctionnaire de la République, que je songeai un moment à opposer la force à la force, la violence à l'arbitraire. Je décernai un mandat d'arrêt contre M. le Directeur des postes, en subordonnant toutefois son exécution au maintien de la mesure qui venait de frapper mon journal. Mais ce fonctionnaire, conduit devant moi, m'ayant expliqué les obligations auxquelles il avaît dû obéir, je ne voulus pas le laisser placé plus longtemps entre l'accomplissement de ses devoirs et le souci de sa liberté, et j'ordonnai tout de suite que la voiture qui l'avait amené le reconduisît immédiatement chez lui. En sorte qu'il n'y a pas eu arrestation en réalité.

Je fis rechercher de même M. Delcurrou pour savoir de lui en vertu de quels ordres il avait agi. J'en avais le droit comme préfet, car, ainsi qu'on a pu le voir, je n'étais pas encôre relevé de mes fonctions, mais j'aimai mieux laisser à la Commune la responsabilité de ces actes, car c'était contre elle et à cause d'elle que la saisie de l'*Emancipation* était faite, et c'est en son nom et avec le contre-seing d'un de ses membres que ces mesures furent ordonnées.

M. Delcurrou ne se trouva ni chez lui, ni au parquet ; il avait déjà probablement transporté à l'Arsenal le siége de son ministère de paix et de justice, et l'*Emancipation* continua de se vendre toute la journée, malgré la saisie inexpérimentée du jeune procureur de la République, et bien qu'aucun changement n'eût été apporté dans sa composition. Du reste, le numéro saisi était si peu saisissable, qu'il n'a jamais été incriminé et que le *Messager de Toulouse*, toujours véridique à sa manière, toujours ingénieux à excuser les actes arbitraires du pouvoir, attribuait le lendemain la libre circulation du numéro incendiaire à une seconde édition *parfaitement anodine* qui n'a jamais été faite.

XIX

Un autre épisode de ces jours sinistres qui, si l'on en croyait l'avocasserie des rhéteurs officiels, ont ébranlé « les consciences troublées ou défaillantes » de notre cité, c'est l'occupation du guichet télégraphique par un piquet de gardes nationaux, désireux d'empêcher la circulation des nouvelles alarmantes et des dépêches de la conspiration royaliste. M. le directeur du télégraphe, excessivement contrarié par cette mesure bruyante et essentiellement vexatoire, me fit prier de l'en délivrer. J'intervins, et ce ne fut qu'à grand peine que j'obtins la levée de ce poste. Pour déterminer les gardes nationaux à se retirer, il me fallut leur garantir la parfaite loyauté de M. le directeur et invoquer en leur présence le droit qu'a tout préfet d'exiger la communication de toute dépêche ayant un caractère politique. Si l'on veut que je ne fusse plus préfet depuis la veille et qu'il y ait eu usurpation de fonctions de ma part, que l'accusation se donne carrière, la tranquillité que j'ai ainsi procurée à M. le directeur des télégraphes me fera absoudre certainement.

XX

Ici finit la série des *crimes* et des *attentats* de la Commune de Toulouse. Ici finit du moins la participation que j'y ai prise. Je revins au Capitole dans l'après-midi, mais je n'y étais plus qu'en journaliste, prenant des notes pour mon numéro du lendemain. J'étais là lorsqu'on vint annoncer

qu'à l'instigation de MM. de Saint-Gresse et Manau et
sous le commandement de M. Lefebvre-Desnoëttes on ar-
mait des royalistes à l'Arsenal avec *Carbonel et Cervelas*
pour mot d'ordre. Il y eut grand émoi parmi ces communeux
endurcis. Le major Muratet, qui était le stratégiste de la
bande, poussa à lui tout seul une reconnaissance jusqu'à
l'Embouchure et déclara solennellement, à son retour, que
tout était tranquille dans ces contrées insurrectionnelles et
qu'on n'entendait que bouchons sauter et verdets grignoter
à l'intérieur de l'Arsenal.

Quant à moi, j'écrivis au Général Nansouty quelques
lignes dont je regrette de n'avoir pas gardé la copie, car elles
témoignent du rôle conciliateur que j'ai toujours rempli dans
ces circonstances. Mais j'allais oublier que la conciliation,
coupable aux yeux du garde des sceaux, doit être essentiellement criminelle pour ses subordonnés. Si c'était pourtant
ma lettre qui eût ouvert les voies d'arrangement qui préva-
lurent, comme on va le voir !...

Pendant qu'on battait le rappel et que les compagnies des
divers quartiers arrivaient de tous côtés pour faire tête aux
bisets de l'Arsenal, un des rédacteurs du *Progrès libéral*,
M. Gourdon, se présenta au Capitole en qualité de parlementaire. Il était porteur, en guise de drapeau blanc, d'un
écrit de MM. Manau et de Saint-Gresse, ainsi conçu :

Au nom de la République,

Comme premiers magistrats de la cité et serviteurs dévoués
de la République, animés de l'inébranlable résolution de la défendre, invitons les Officiers de la Garde nationale à rentrer
dans leurs foyers, et à ne faire battre le rappel que sur nos
ordres jusqu'à ce que le pouvoir régulier soit établi. Ils savent

que nous ne ferons jamais rien que pour le salut de la République Puissent ces paroles engager les officiers et soldats de la
Garde nationale à rentrer dans la légalité.

Vive la République !

Toulouse, 26 mars.

Saint-Gresse,
Premier prési.ent.

J.-P Manau,
Procureur général.

Je ne reproduis cette banalité, hypocritement émaillée
quatre fois du mot de République et écrite de la main de
M. Manau avec l'élévation ordinaire de ce penseur émi-
nent, que pour être complet et montrer partout dans cette
affaire l'intervention active de deux anciens avocats et
actionnaires de l'*Emancipation.*

M. Gourdon proposa donc, au nom des citoyens réunis à
l'Arsenal, la nomination d'une délégation de la Commune
pour tâcher d'arriver à une entente bien désirable. Cette
ouverture, très mal accueillie d'abord, repoussée même avec
une très grande énergie par un des chefs de bataillon, finit
pourtant par prévaloir, sans que je me sois mêlé en rien à
la discussion, et sans que personne ait fait mine de me con-
sulter. J'espère que M. Gourdon en témoignera.

Une délégation fut nommée. Elle se composait de
MM. Valette, Antoine Calvet, Laval et Auba. Une première
séance tenue immédiatement n'amena pas de résultat, et
l'on dut renvoyer la discussion à une seconde réunion qui
devait avoir lieu le soir même à neuf heures. Or, il arriva
que pendant que deux délégués attendaient leurs collègues,
au Capitole, un autre, que je ne nomme pas, parlementait
en son propre et privé nom à l'Arsenal, et un autre manquait
à l'appel, on ne sait trop pourquoi.

Vers minuit, les délégués vinrent annoncer à la Commission exécutive de la Commune qu'elle avait cessé d'être, que M. Valette serait nommé maire de la ville le lendemain, et que M. Duportal serait seul poursuivi, bien que le cœur de M. Manau eût saigné de douleur en signant les réquisitions qu'il venait de prendre contre lui.

Quelques amis s'indignèrent de cette solution et de la facilité avec laquelle on m'avait livré. Valette, qui était assis à ma droite, chuchotta tout bas à mon oreille : « Dites-leur de ne pas s'occuper de vous. » — Je regardai entre les deux yeux ce frère et ami, et, répétant tout haut sa recommandation fraternelle, je pris mon chapeau et me retirai, édifié une fois de plus sur la valeur de certains hommes et le danger de certaines solidarités.

XX

Que se passa-t-il le lendemain au Capitole? Je ne le sais pas et ne veux pas le savoir. Je n'y mis pas les pieds, tenant pour bonne et définitive la solution acceptée par des patriotes aussi ardents que les citoyens Valette, Calvet et Auba. Ce que je sais aussi, c'est que si la plupart des officiers n'avaient aucune consistance politique, aucune énergie, les gardes nationaux, étaient vaillants et dévoués, et que si j'eusse voulu me mettre à leur tête, ils eussent repoussé les forces interlopes de l'Arsenal et maintenu la Commune, malgré l'écharpe de concorde dévolue à Regulus Valette.

Mais, je le répète, je n'avais jamais conseillé ni désiré ce mouvement. Pour rien au monde je n'aurais voulu

encourir le reproche d'avoir paru me laisser guider en
cette circonstance par un sentiment d'intérêt personnel.
C'est pourtant ce qui m'est arrivé. Cela tient à ce que
j'ai dû laisser la parole et le champ libre à mes détracteurs.
Forcé de renoncer à la rédaction de l'*Emancipation* pour
me soustraire à la prison préventive, j'ai été complètement
abandonné à mes ennemis par le nouveau rédacteur de
ce journal, qui m'avait pourtant fait maintes protestations
de dévouement et de reconnaissance. Pendant trois longs
mois d'une instruction mystérieuse, M. Eugène Garcin
n'a pas trouvé un seul mot à dire pour stimuler l'action
lente et capricieuse de la justice. Uniquement occupé de
la grandeur de M. Garcin, ramenant tout à lui-même,
même les désastres de Paris, dans lesquels son patriotisme
et sa sollicitude trouvaient l'occasion de nous intéresser à
la perte éventuelle du mobilier de M. Garcin, des livres de
M. Garcin, des manuscrits de M. Garcin, de la croix de
son père et de quelque autre petit meuble de sa mère, il
nous a laissé traquer, Ducasse et moi, tandis que les véritables promoteurs de la Commune promenaient insolemment
leur impunité. Pendant que les *chers confrères* de la presse
monarchique, avec lesquels il échange de comiques mamours, me dénonçaient à la justice et exerçaient sur elle
la pression toujours bienvenue — les Séguier sont si rares !
— de ses mensonges et de ses calomnies, M. Garcin, si
prolixe et si abondant lorsque sa vanité est en cause, a
jugé prudent et sage de se taire, alors que le simple récit
véridique des événements, le moindre appel à l'opinion
publique, pouvait arrêter la justice dans son œuvre de
haine et de réaction. De même qu'il avait laissé retenir
Sarrans deux mois en prison sans protestation aucune,

il l'a vu relâcher sans écrire une ligne contre cette inique prison préventive. Il n'en a même pas annoncé la fin de peur de rendre M. Delcurrou moins courtois pour Mme Garcin quand elle est appelée au parquet, quoique la chose soit toujours sans danger. Il a été le dernier à insérer, et à insérer sans commentaires, l'arrêt de renvoi de notre affaire devant la cour d'assises, dans la crainte de désobliger les juges et les magistrats qui nous poursuivent. Ne vantait-il pas hier encore la justice du parquet, qui, en revanche, le traite comme un personnage. Enfin, quand nos magistrats républicains ont invoqué des motifs de suspicion légitime pour obtenir de la Cour de cassation notre renvoi devant une cour d'assises autre que celle de Toulouse, il n'a pas trouvé un seul mot d'indignation ni pour cet acharnement de la justice à la poursuite d'une condamnation impossible dans notre cité, ni pour les rapports mensongers qui ont dû inspirer au gouvernement lui-même, dans cette instance, des considérations de sûreté publique.

Pour suppléer à l'indifférence intéressée du présomptueux rédacteur de l'*Emancipation,* j'ai envoyé des notes, des articles. Il les a refusés sous divers prétextes. En sorte, qu'après avoir servi à Toulouse la cause républicaine, je me trouve sans appui et sans défense, même de la part de l'organe que j'ai fondé, et obligé d'avoir recours à des publications isolées. Telle est la raison d'être de cette brochure et de celles qui la suivront. Car je ne laisserai pas en repos les ennemis de la République, pas plus que les faquins et les drôles qui croient la servir parce qu'ils accolent effrontément son nom à leur petite exploitation de la sottise humaine.

XXI

La Commune capitula donc le lundi. M. Valette, qui y avait pris une part active, et qui avait accepté un rôle dans la Commission exécutive, fut nommé maire. En même temps, pour appuyer sur quelque chose cette honteuse transaction, on fit signer aux membres de la Commission exécutive le désaveu suivant de leurs écrits et de leurs actes de la veille. Voici cette pièce effrontée, qui a sans doute valu aux véritables coupables de la Commune la scandaleuse impunité dont on les couvre, à côté des poursuites dont nous sommes l'objet; elle fut placardée dans la ville sous l'estampille de la mairie nommée le matin même par M. de Kératry.

MAIRIE DE TOULOUSE.

Garde nationale et citoyens de Toulouse,

En présence des événements graves qui ont menacé hier la sécurité publique, et dont la responsabilité paraît peser sur les déterminations prises par la garde nationale d'occuper quand même le poste du Capitole, il est de notre devoir d'exposer aux citoyens de Toulouse la vérité pure et simple.

La municipalité était vacante par la démission du maire et de ses conseillers. D'un autre côté, on était informé de la nomination de M. le comte de Kératry comme préfet de la Haute-Garonne, dont les antécédents politiques permettaient de mettre en doute les sentiments républicains. Nous ajouterons en même temps que les actes de l'Assemblée de Versailles laissaient planer des doutes sur son dévouement à la République. Dans cette situation, la garde nationale de Toulouse, voulant à la fois assurer la conservation de la République et pourvoir, en l'absence de l'administration municipale, à la gestion des affaires de la commune et au maintien de la sécurité publique, a cru remplir un devoir impérieux en venant occuper le Capitole.

Cette occupation ayant paru éveiller les craintes d'une partie de la population, le Comité de la garde nationale s'est empressé d'accueillir les offres de conciliation qui lui furent apportées par un groupe d'hommes honorables, constituant l'Association républicaine, qui voulurent bien servir d'intermédiaires entre nous et les autorités judiciaires et militaires réunies à l'Arsenal.

Plusieurs entrevues furent la conséquence de cette intervention et conduisirent à une transaction de nature à concilier les droits et les sentiments de tous.

Il fut ensuite convenu, sur la demande des généraux, que nos postes seraient réduits à leur effectif ordinaire et que, de leur côté, ils feraient évacuer de l'Arsenal la force civile qui s'y trouvait, et que l'Arsenal avait armée.

Sur l'ordre du commandant Valette, comme maire de la ville, les piquets supplémentaires rentrèrent immédiatement sans résistance dans leur quartier.

Une heure après, les places publiques étaient envahies par toutes les troupes et par cette même force civile, qui d'après les engagements des généraux devait évacuer l'Arsenal.

Le Comité, surpris de voir qu'on ne tenait aucun compte des conventions acceptées de part et d'autre, proteste au nom de la garde nationale contre cette mesure violente que rien dans ses actes et dans ses intentions ne peut justifier.

Il proteste notamment contre les affiches placardées en ville, lui attribuant la qualification de *Commune révolutionnaire*.

Depuis dimanche, au moment où ces affiches ont paru, nous

avons protesté par la voix du colonel Frugier, duquel nous ne nous sommes jamais séparés.

Nous protestons aussi contre la pose des affiches elles-mêmes faites à notre insu.

Dans cette situation, nous pouvons inviter les citoyens à dissiper toute crainte et à conserver la conviction que l'ordre et la tranquillité publique seront maintenues tant qu'ils ne dépendront que de la garde nationale.

Vive la France !
Vive la République !

Le Comité formant la Commission municipale :

Les citoyens FRUGIER. lieutenant-colonel de la garde; DUNAC, commandant-major ; VALETTE, chef de bataillon ; PROUST, chef de bataillon ; LAVAL, chef de bataillon ; MURATET, capitaine adjudant-major; CALVAYRAC, capitaine ; ADER, capitaine ; GROS, capitaine ; ENCAUSSE, capitaine ; VERDALLE, lieutenant; JOURNET, lieutenant ; REY, lieutenant ; REDON, lieutenant ; FRÉCHOU, sous-lieutenant ; AUDIBERT, sous-lieutenant ; CALNETTES, sous-lieutenant ; LAFFRENÉ, sous-lieutenant.

En inscrivant ce regrettable désaveu dans l'*Emancipation* du 30 mars, nous disions :

« Si cette pièce n'est pas le résultat d'une audacieuse supercherie, elle est inspirée par la plus insigne des lâchetés. Nous aimons mieux croire à la première des deux hypothèses, car il nous répugne d'accuser de déloyauté des hommes pour la plupart inconnus de nous, mais, jusqu'à preuve contraire, parfaitement honorables par le seul témoignage de confiance qui les a faits officiers de notre garde nationale. Quelques-uns même sont absents. Mais nous connaissons les citoyens Valette, Muratet et Redon. Nous les supplions de dégager leur responsabilité de l'acte indigne auquel on n'a pas craint d'associer leurs noms, dans le but de compromettre un homme dont on voudrait faire la brebis galeuse de toute cette histoire. »

Cet appel est resté sans écho et les faits ont confirmé nos prévisions. Je me sens donc parfaitement dégagé de tout ménagement vis-à-vis des compères de mes accusateurs.

XXII.

Quoi qu'il en soit, cette déclaration des membres de la Commission exécutive de la Commune, prenant jésuitiquement pour la circonstance le titre de *Comité municipal*, doit nous profiter, et elle nous donne le droit de constater, comme nous le disions en commençant, que la proclamation de la Commune à Toulouse n'est pas autre chose qu'une question de poste militaire disputé à l'armée par la garde nationale ou réciproquement. Que deviennent alors ces accusations furibondes d'attentats contre l'Assemblée, contre le chef du pouvoir exécutif, contre la souveraineté nationale ou le gouvernement établi ? Pourquoi ces faits, innocentés pour leurs auteurs directs, auraient-ils un autre nom et une autre gravité quand il s'agit d'incriminer celui qui les a notoirement subis, quand tous ses actes et écrits antérieurs et postérieurs témoignent de la persistance de son dévouement au gouvernement régulier du pays. Trois articles signés de mon nom dans l'*Emancipation* des 31 mars, 1er et 2 avril, et écrits dans un sens favorable aux revendications de la Commune, attesteront au besoin devant mes juges la vérité de ce que j'avance, et la sincérité de l'attitude que j'ai toujours observée dans cette affaire.

Il serait trop long d'en reproduire ici, même quelques passages. J'aime mieux borner là ce travail; et quel que soit l'accueil qui lui sera fait, soit devant le jury, soit parmi mes concitoyens, me réfugier dans la sérénité de ma conscience et la satisfaction toujours consolante du devoir accompli.

Oui, du devoir accompli! et du devoir accompli envers et contre tous! Envers la défense nationale, contre l'ennemi du dehors; envers la République, contre ses ennemis du dedans; envers mes administrés, comme préfet; envers mes concitoyens et envers mes amis, comme homme public, comme homme privé.

Pour la défense nationale, j'étais signalé par la délégation de Tours et de Bordeaux comme l'ayant servie plus qu'aucun autre. Dès le 29 septembre, j'avais demandé la levée en masse et pris des dispositions en conséquence. Cette initiative, jointe aux patriotiques efforts de notre comité de défense et de la municipalité toulousaine, me valut le titre de Commissaire à la défense nationale, que je ne cessai de justifier par l'activité de mes efforts et l'ardeur de ma résistance. Tous mes collègues du midi et du centre ont eu recours à moi pour compléter leurs approvisionnements ou leurs commandes; et telle est l'impulsion que j'avais donnée à nos ateliers, que si, conformément aux idées patriotiques de Gambetta, la guerre à outrance eût prévalu dans les conseils du gouvernement, nous avions à Toulouse de quoi équiper 50,000 hommes après avoir mis nos mobilisés et nos mobiles sur un pied comparable à celui des armées les mieux organisées.

Pour la République, j'ai, dans la limite du pouvoir qui m'était dévolu, réalisé les réformes administratives et politiques compatibles avec les événements. J'ai tout fait pour exciter l'enthousiasme des populations et isoler les misérables qui, dans un intérêt dynastique, ne craignaient pas de semer la défiance, de démoraliser nos milices, de soulever les mauvais instincts des classes ignorantes, en calomniant les membres du gouvernement républicain et ses agents politiques. J'ai surtout, et je m'en honore, donné le salutaire exemple d'un fonctionnaire demeuré fidèle à ses amitiés et à ses doctrines de la veille et ne sacrifiant pas l'unité de sa vie publique au misérable et sordide souci de ses intérêts.

Comme administrateur, j'ai assuré l'ordre et la tranquillité dans les circonstances les plus difficiles. J'ai procuré du travail à nos ouvriers pendant un hiver exceptionnellement long et rigoureux. J'ai accueilli et soulagé les malheureux de toutes les conditions sans leur demander ni *credo* ni cocarde. J'ai résisté à toutes les excitations de représailles et de réaction. J'ai publiquement défendu contre des attaques inconvenantes un général qui m'avait pourchassé ; j'en ai sauvé un autre d'une mort certaine, au péril de mes jours, de mes relations, de ma popularité, au péril même des calomnies de la presse royaliste.

Comme homme enfin, j'ai accueilli avec bienveillance tous ceux que leur position, leurs intérêts ou leurs devoirs ont mis en rapport avec moi. Longtemps maltraité par les serviteurs des régimes précedents, je n'ai exercé aucune vengeance, provoqué aucune révocation basée sur des considérations qui m'eussent été personnelles. Serviable pour tous, je n'ai retiré de la haute position que j'ai exercée pendant près de sept mois que la bonne fortune inespérée de faire des ingrats.

Et me voilà accusé :

D'avoir voulu changer ou *détruire la forme* (*sic*) du gouvernement, pour avoir demandé qu'il dégageât sa responsabilité des actes d'une majorité parlementaire, royaliste et intolérante ;

D'excitation à la guerre civile, pour avoir résisté aux suggestions de ceux qui l'organisaient et subi l'entraînement d'une milice indignée contre ces tentatives ;

D'attentats contre la liberté individuelle, moi dont la liberté a seule été atteinte, d'un côté par les gardes nationaux qui m'ont violemment conduit au Capitole et engagé malgré moi dans leur équipée, et de l'autre par la saisie arbitraire de mon journal.

D'une attaque *envers* l'Assemblée nationale et le Chef du pouvoir exécutif, lorsqu'aucun acte de rébellion n'a été commis, car tant que M. de Kératry n'était pas installé je représentais l'autorité politique, et j'avais le droit, de concert avec la garde nationale, d'avertir le Pouvoir et l'Assemblée du péril public résultant de leur attitude respective et de leur défiance vis-à-vis de Paris.

Les faits, hélas ! n'ont que trop confirmé ces appréhensions néfastes. Je n'en veux pas évoquer le souvenir douloureux pour un aussi mince intérêt. Le procès qui m'est fait n'a pas d'ailleurs une aussi grande origine. Je l'ai

indiquée dans le cours de ce mémoire, et ce sera ma con-
clusion : Je jure que nous n'eussions jamais été poursuivis,
ni moi ni les complices de fantaisie qu'on me donne, si
M. Albert Desplagnes n'eût jamais écrit sa brochure intitu-
lée : *L'Œuvre judiciaire de M^{tre} Crémieux*, si M. Manau
eût connu le 25 mars le décret de l'avant-veille qui le nom-
mait juge au tribunal de la Seine, et si de concert, en
compagnie de plusieurs personnes, avec préméditation et
guêt-apens, ces deux magistrats ne se fussent pas rendus
coupables de leur déplorable proclamation du 25 mars,
dont ce procès n'est que la justification forcée, la conséquence naturelle. *Il le fallait!* a dit Bilboquet. Et cet
hommage du saltimbanque à la souveraineté du fait sera
la morale de ce mémoire et mon dernier mot.

ARMAND DUPORTAL.

Toulouse, 10 juillet 1871.

APPENDICE

J'ai montré, par le simple exposé des faits, la complète innocence des actes qui constituent ce qu'on a appelé, bien ambitieusement, la proclamation de la Commune à Toulouse.

Si j'ajoute maintenant que les communeux toulousains n'ont accompli aucun acte public ; que leur usurpation, si usurpation il y a, n'a été sanctionnée par aucun fait ; qu'il n'en reste pas de trace sur les registres du Capitole ;

Si l'on considère, en outre, que le préfet de la Commune était le préfet du Gouvernement non relevé de ses fonctions ; que la Commune, ayant accaparé ce préfet non relevé de ses fonctions, a pu et dû se substituer à la municipalité démissionnaire pour assurer l'ordre et la tranquillité de la ville, comme on l'a fait dire à la proclamation de désavœu, publiée sous les auspices de M. Valette, maire ;

Si je fais remarquer que cette tranquillité publique, menacée par l'absence du nouveau préfet, défaillant, et par l'usurpation royaliste, armant, sans aucun mandat, une milice de fantaisie, à la tête de laquelle s'étaient placés des magistrats usurpateurs de l'autorité civile et militaire, a été parfaitement assurée par la garde nationale unie au Préfet ;

Si l'on veut bien reconnaître que ce pouvoir était pour le moins tout aussi régulier que celui que MM. Manau et Saint-Gresse étaient allé organiser à l'Arsenal ; que ces magistrats essaieraient vainement de se prévaloir de l'approbation du Chef du pouvoir exécutif, si cette approbation est due à de faux rapports ; que s'ils ont pour eux le concours du général Lefebvre-Desnoëttes, je suis autorisé à me faire fort de l'assentiment de M. de Nansouty ;

Si , comme les débats l'établiront , toutes ces considérations sont constantes, établies qu'elles sont déjà : par l'état de calme et de tranquillité relative dont la ville a joui pendant les événe_ ments ; par l'impunité assurée aux proclamants de la Commune, à leur comité d'exécution, sacré comité MUNICIPAL par l'autorité elle-même ; par le choix du nouveau maire, pris par M. de Kératry parmi les chefs de la Commune ;

Si les mots ont encore leur valeur, les faits constants leur signification naturelle, quel nom donnerons-nous à la proclamation suivante que MM. de Saint-Gresse, Manau et Delcurrou firent imprimer et répandre dans la ville le soir du 26 mars ?

« Citoyens,

» Une usurpation (1) un véritable crime ont été commis hier. Des gardes nationaux, représentant un cinquième de la garde nationale armée (2) et un vingtième des citoyens qui devraient en faire partie 3), ont constitué une Commune qui ne peut émaner que du suffrage des trente mille électeurs de la cité régulièrement convoqués (4) ; créé un gouvernement en hostilité avec celui de Versailles (5) ; adhéré au Co-

---

(1) M. de Saint-Gresse organisant une garde nationale en dehors du préfet et du maire est ici le véritable usurpateur.

(2) Exagération flagrante, mensonge. Ils étaient plus de 2,000.

(3) Il faudrait à ce compte qu'il pût y avoir quarante ou cinquante mille gardes nationaux à Toulouse. Le recensement en a, je crois, fourni 18,000 et je mets au défi tous les Carbonel du monde d'en jamais mettre plus de 12,000 en ligne. On sait ce qui s'est passé en avril dernier.

(4) Oui, s'il s'agissait de faire autre chose que de donner un avertissement au pouvoir. Ces 30,000 électeurs sont d'ailleurs une valeur de convention, on n'en a jamais pu réunir plus de 22,000 autour des urnes de scrutin.

(5) Mensonge ! imposture ! dirions-nous à tout autre que M. le premier président.

mité central de Paris (6), c'est-à-dire organisé l'insurrection permanente contre le Gouvernement (7)

» Tous ceux qui ont participé à ces actes n'en ont pas mesuré et compris la portée (8). Nous venons leur dire où est, dans ce triste et solennel moment, le pouvoir souverain, la *loi vivante* du pays (9).

» Le Gouvernement de Versailles est le seul gouvernement qu'il soit permis de reconnaître (10). Nous y trouvons les noms des plus vieux serviteurs de la démocratie, Jules Favre, Simon, Picard (11).

» Le Chef du pouvoir exécutif a écrit que le Gouvernement mettrait son honneur à fonder la République (12).

» L'Assemblée elle-même, malgré les inspirations royalistes de la minorité, a choisi pour son président Grévy qui a pu dire comme résumé de toute sa vie : J'ai toujours vécu et je mourrai en républicain (13).

---

(6) Triple mensonge, triple imposture, dirions-nous encore. Renvoyons le lecteur au manifeste de la Commune, page 44.

(7) Phraséologie de procureur. La Commune demandait au contraire la fin de nos dissentions par la réconciliation de Paris et de Versailles.

(8) Dès sa seconde phrase, M. de Saint-Gresse, auteur de ce factum, trahit sa pensée de faire des catégories. Il signe par avance et sans le vouloir les décisions de la Chambre des mises en accusation.

(9) Connu! connu! Monsieur le Premier. Nous les avons assez souvent entendus vos janotismes sur la souveraineté nationale!

(10) La Commune de Toulouse n'en a pas reconnu d'autre. Mais M. le premier président, dont le siége était fait, ne s'arrête pas pour si peu.

(11) Saluez, Messieurs les ministres ! — Cela me rappelle qu'au retour de son premier voyage à Tours, M. de Saint-Gresse ne tarissait pas d'éloges sur M. Gambetta; et ne sachant plus que louer dans le jeune ministre, il me vantait, avec un enthousiasme très peu spiritualiste, la vigueur musculaire de ses attaches et, passez-moi le mot, « la grosseur de ses cuisses. »

(12) Nul ne le nie, M. le Premier! — Au fait ! au fait ! avocat !

(13) D'accord, pour le président. Mais les quatre vice-présidents ? Mais les six secrétaires ? Mais les trois questeurs ? D'ailleurs, n'auriez-vous pas vous-même, M. de Saint-Gresse, tenu le propos de M. Grévy? Et pourtant.....

» L'Assemblée n'a pas encore fait un acte qui dépasse les limites de son mandat (14). Elle a constitué un gouvernement républicain (15). Elle a voté la paix (16). Elle s'occupe de convoquer les électeurs pour élire des conseils municipaux et généraux (17), et leur laisse le soin de se gouverner eux-mêmes (18). Elle prépare des lois de finances pour payer les frais de la guerre (19). Elle est le droit (20).

» Le gouvernement dans lequel elle s'est incarnée représente le seul pouvoir légitime qu'il y ait en France (21).

» Qu'est-ce que le Comité central de Paris (22)? Ces hommes, per-

---

(14) Cela vous plaît à dire. Mais d'aucuns qui vous valent pensent différemment.

(15) Oui, en se reservant de le saper par la compétition des prétendants rappelés en France, et l'extermination des républicains par la guerre civile et la répression d'attentats, réels comme à Paris, ou imaginaires comme à Toulouse.

(16) Que son nom et son souvenir soient à jamais maudits pour cela.

(17) Mais les républicains de Nérac ne vous rééliront pas, je l'espère bien !

(18) Avec M. de Chambord ou M. de Paris, leur entourage et la magistrature pour correctifs.

(19) Comme c'est heureux ! comme c'est heureux !

(20) Tempéré par le pacte social qui l'a fait élire, lequel résulte de l'article 2 de la convention pour l'armistice, ainsi conçu : « L'armistice a pour but de permettre au gouvernement de la défense nationale de convoquer une Assemblée librement élue, qui se prononcera sur la question de savoir *si la guerre doit être continuée ou à quelles conditions la paix doit être faite.* »

(21) Nous vous avons déjà dit que nous étions d'accord sur ce point. Vous vous répétez, Président ! nous trottons sur place, comme à la barre.

(22)   Que, diable, en cette affaire
            Le Comité central a-t-il à faire ?

sonne ne les connaît ; que sont-ils ? on ne le sait pas ; d'où viennent-ils ? on ne le sait pas ; que veulent-ils ? on ne le sait pas (23).

» Ces hommes inconnus dans la *carrière* de la révolution font fusiller Clément Thomas, un ancien rédacteur du *National* (24), un homme éprouvé par un dévouement de cinquante ans à la République. Ils arrêtent Chanzy, un général républicain, choisi par Gambetta, qui vote et siége avec la gauche de l'Assemblée (25).

» Depuis Grévy jusqu'à Louis Blanc, pas un républicain n'a consenti à mettre son nom à côté de ce comité (26).

» Vous ne marcherez pas avec ces hommes qui nient l'inviolabilité de la vie humaine et qui ont sur leurs mains les taches d'un sang généreux (27).

» Nous vous convions à vous rallier au Gouvernement de Versailles, qui a prouvé solennellement qu'il ne ferait jamais un coup d'Etat

---

(23) On voit bien que M. le Premier ne connaît pas cette charge d'atelier qu'on appelle la *Muette*. Il n'aurait pas écrit cette série d'interrogations ridicules dont A. Pothey tirera, à coup sûr, un excellent parti pour la deuxième édition de sa charmante *scie* sur les sociétés secrètes.

(24) Que d'érudition ! Et comme cette circonstance aggravante révèle un ancien abonné du *Réveil*, un admirateur enthousiaste de Delescluze !

(25) Allez, allez, mon président, nous sommes du même avis.

(26) D'accord ! j'emboîte le pas avec vous.

(27) Et penser que c'est uniquement pour justifier toutes ces calembredaines d'avocat, tout ce verbiage d'indignation à froid, tout ce flux d'horripilation sans cause, que l'affaire de la Commune de Toulouse a été évoquée et que nous sommes poursuivis ! Quel sang a-t-on versé à Toulouse, s'il vous plaît ? Quel principe de souveraineté nationale y a-t-on méconnu ? Quelle atteinte a été portée à celui de l'inviolabilité humaine ? — Mais, je vous l'ai dit, ô mes concitoyens, il vous fallait comme moi, comme tous, avaler la tartine favorite de Me Saint-Gresse. Vous n'y avez pas échappé. Je sais ce que cela me coûte.

contre la République (28). En présence de ces engagements sacrés, le doute n'est pas possible, le devoir de tout honnête homme est clair et certain.

» Celui qui écrit ces lignes est un des vieux républicains du Midi, la République a été le but et l'idéal de sa vie entière (29); il a cru devoir faire entendre une *dernière* parole *chargée de tristesse et de deuil* (30).

» Ce matin, la Commune avait *menacé* d'arrêter le procureur de la République au moment où il rédigeait des réquisitions qui sont la plus grande douleur d'une âme républicaine (31).

» La Commune ne représente ni l'élection, ni la majorité locale, ni la délégation du Gouvernement central. Où est son droit (32)?

» Nous nous sommes rendus à l'Arsenal résolus à contenir une *minorité* coupable *qui opprime la ville* (33) et à raffermir par notre exemple

---

(28) La rengaine continue. Nul ne songe à se séparer du gouvernement de Versailles; nul surtout n'a pensé à l'accuser d'un coup d'Etat; qu'importe? tournez, moulins à vents, nous sommes en guerre comme si nous venions de la Manche.

(29) L'idéal! je ne le nie pas. Mais le but positif!... Vous êtes devenu grand propriétaire et premier président, maître Saint-Gresse; ne l'oublions pas.

(30) Plus de tristesse que de deuil! et pas si *dernière* que cela!

(31) *Menacé,* ce n'est guère!

(32) La délégation du gouvernement central! Je pouvais m'en prévaloir aussi bien que M. de Saint-Gresse, puisque je n'avais pu m'en faire relever ni par M. de Kératry ni par M. Antonin Mulé. Quant à la représentation locale et électorale, M. le Premier et ses acolytes oseraient-ils la revendiquer en faveur des trois-cents royalistes qu'ils avaient réunis à l'Arsenal sans élection comme sans mandat?

(33) Ici M. de Saint-Gresse se trahit une fois de plus. Cette *minorité qui opprime la ville* est trop proche-parente de ces mots : « M. Duportal, *oppresseur* à la fois ridicule et odieux de cette *grande cité»*, empruntés à la dépêche de M. Thiers sur les événements de Toulouse, pour que nous ne reconnaissions pas là l'auteur des renseignements qui ont égaré le gouvernement sur la portée réelle de ces événements.

les *consciences troublées ou défaillantes* (34). Avant cette résolution extrême, nous avons épuisé les moyens de conciliation (35), il ne nous reste plus qu'à combattre pour une cause sainte (36).

» Que la responsabilité des malheurs de la cité retombe sur ceux qui en sont les *promoteurs* et que Dieu leur pardonne (37).

» L'avenir, un avenir prochain, dira qui d'eux ou de nous a le mieux servi la République (38). »

---

(34) M. de Saint-Gresse a raison : les consciences *défaillantes* savent maintenant ce qu'elles ont à faire pour tenir en échec l'opinion publique : On dénonce un préfet, on dénonce un général; on en circonvient un autre, on arme trois cents fanatiques, et avec un peu d'audace et de rhétorique, beaucoup de cagotisme, quelques mitrailleuses et la complicité de quelques faux frères, on organise un conflit, bientôt suivi de capitulations réglées d'avance, et le tour est joué. On a sauvé la société; et si peu qu'on ait frayé avec Saint-Vincent-de-Paul, on a bâti sa situation à chaux et à sable sur la ruine de celle des autres et de sa propre considération.

(35) Qu'appelez-vous moyens de conciliation? Est-ce la réunion que vous aviez provoquée chez vous et que j'ai racontée ? Est-ce la visite que vous m'avez faite le 25 à la préfecture, et dont j'ai dit aussi le but? Je n'en vois pas d'autre, puisque je suis seul dénoncé, seul mis en cause dès le premier jour. — M. de Saint-Gresse se trahit encore, en voulant donner à entendre qu'il faisait de la conciliation avec moi quand il me tendait des piéges.

(36) Combattre pour *une cause sainte*! Cela se chante en musique au 4e acte des *Huguenots;* et l'histoire a depuis longtemps flétri les Montluc, les Saint-Bris comme elle jugera les Saint-Gresse de tous les fanatismes.

(37) Que Dieu leur pardonne! Banalité de catholique, qui ne pardonne pas lui, qui requiert, poursuit et pourchasse, même en invoquant la suspicion légitime des juges naturels. Heureusement, grâce à ce mémoire, l'opinion publique et la justice connaîtront les véritables *promoteurs*. Encore un mot où se révèle l'idée fixe de M. de Saint-Gresse contre moi.

(38) Ici, encore un précieux aveu arraché à la banalité de la plume de M. de Saint-Gresse. Il reconnaît que la Commune entendait servir la République. Elle ne voulait donc pas *détruire la forme* du gouvernement, comme la Chambre des mises en accusation nous l'impute. En attendant que *l'avenir* prochain annoncé par M. de Saint-Gresse soit venu, MM. les jurés prononceront entre nous et nous irons au-devant de leur verdict avec confiance.

Comme on le voit, il ne reste rien de cette misérable proclamation, qui a évidemment pesé d'un poids si lourd sur les délibérations de la Chambre des mises en accusation. Que sera-ce lorsqu'on saura que M. de Saint-Gresse, dénoncé à l'Assemblée nationale comme un communard émérite de la veille, par une brochure qui a inspiré les interpellations d'un député de la majorité, a dû nécessairement, pour faire oublier ses paroles du 14 janvier 1871, rechercher l'occasion d'une amende honorable et, l'ayant trouvée, déployer un zèle excessif dans la répression de faits, malheureusement trop peu punissables pour les besoins de sa situation.

Dans une brochure publiée, à la date du 12 mars dernier, par M. Albert Desplagnes, procureur de la République à Die (Drôme), sous ce titre : l'ŒUVRE JUDICIAIRE DE Me CRÉMIEUX, on lit ce qui suit :

« Maintenant, deux mots d'un discours qui n'a point passé inaperçu, mais qui mérite mieux que la publicité restreinte de quelques journaux. M. de Saint-Gresse, avocat nommé le 7 septembre procureur général, et le 31 décembre premier président à Toulouse, a prononcé le 14 janvier dans son discours d'installation, des paroles qui démontrent combien les élus de M. Crémieux répondaient aux suggestions démagogiques d'une délégation représentée par le drapeau rouge et les communes révolutionnaires. Je copie dans ce factum quelques lignes relatives à la révolution de 93 : « Elle se heurta, dit l'orateur, contre des » obstacles inouis : la féodalité, la royauté, la noblesse, les priviléges' » le clergé, l'émigration, l'esprit provincial, l'Europe entière ; elle les a » vaincus. *Le 14 juillet, les 5 et 6 octobre, le 10 août, le 31 mai, le* » *courant populaire renversa tous ces obstacles. Chacune de ces se-* » *cousses gigantesques a fait faire, cela est vrai, un pas à la Révolu-* » *tion. Le club des Jacobins et la Commune de Paris furent les moteurs* » *de ce mouvement immense d'où est sorti le monde moderne.* »

» Sans donner ici des détails historiques que chacun peut trouver dans sa mémoire ou dans le premier livre venu, je constate que les cinq journées dont ce premier président fait l'apologie sont des plus funestes, des plus hideuses, des plus infâmes. de la Révolution. Ce sont les journées d'insurrections, de triomphes de la rue, de violation du pouvoir exécutif et des assemblées, de massacres sans nom ; ce sont des attentats que tous les partis ont répudiés par pudeur, des souvenirs que la France voudrait pouvoir effacer de ses annales, des crimes qui l'ont plongée dans des désastres et des calamités sans fin.

» Et c'est là ce que glorifie, devant une cour assemblée, un premier président, ce représentant suprême de la justice et du droit !

» Il va plus loin, et rend au club des Jacobins et à la Commune de Paris ce singulier hommage qu'ils ont enfanté le monde moderne...

» J'ajouterai un seul mot relativement à ces actes et à ces paroles que leur publicité me donne le droit de juger. Si un avocat, un avoué se permettait de prononcer à l'audience les paroles sinistres qu'on lit dans le discours de M. de Saint-Gresse, cet avocat, cet avoué serait immédiatement poursuivi pour apologie d'actes qualifiés crimes par la loi pénale ; l'application de l'article 3 de la loi du 27 juillet 1849 serait requise contre lui. Non seulement il y aurait poursuite correctionnelle, mais une action disciplinaire suivrait le jugement rendu. Est-ce que la situation donnée par M. Crémieux à M. de Saint-Gresse mettrait ce dernier au-dessus des lois ? Je me contente de poser la question. Il appartient à d'autres de la résoudre. »

Que nous veut donc M. de Saint-Gresse avec ses grands mots, ses grands airs et ses réquisitions ? S'il est avec nous pour le droit révolutionnaire, qu'il conforme ses actes à ses paroles et ne nous fasse pas un crime de ce qu'il erige en théorie, à ses heures de parade. S'il s'est fait, au contraire, lui aussi, une méchante affaire avec les royalistes de l'Assemblée, par lui déclarée absolument souveraine, qu'il expie personnellement sa faute et ne crie pas contre nous au communaliste pour faire oublier que l'amour d'une phrase sonore le fit communard de l'avant-veille, communard de la pire espèce, par vantardise et flagornerie.

Ici encore l'opinion publique et le jury prononceront en dernier ressort entre nous et notre imprudent accusateur.

Un dernier mot. On prête à l'accusation, réduite à la portion congrue par la faible importance des charges réunies contre moi, et dont le débat public fera justice, l'intention de me rechercher dans ma vie privée. Ce que l'Empire n'osa jamais faire autrement que par des folliculaires sans valeur et sans conscience, des magistrats le tenteraient sous la République. J'informe qui de droit, que je suis en fonds pour défier toutes les attaques, et que si l'œuvre d'un Marchal de Bussy peut tenter mes adversaires, je ne déserterai pas le débat que ma dignité me commandait de refuser avec un insulteur avéré. Il y a plus de vingt-cinq ans que, me voyant passer avec ma femme et mes enfants sur la place publique, un royaliste qui me connaissaient bien, a dit : « C'est pourtant un honnête homme, ce brigand-là ! » Que d'honnêtes gens de ma connaissance dont républicains et royalistes s'accordent à n'en pas dire autant !

Armand Duportal.

TOULOUSE. — IMPRIMERIE SAVY.

ERRATA.

La correction des épreuves n'est pas commode pour un accusé contumace ; aussi nous permettra-t-on de rectifier les principales fautes échappées à l'auteur comme aux correcteurs.

Page 4, dernière ligne. — Lisez : qu'*elle* a affectée...

Page 12, ligne 12. — Lisez : dans cette circonstance *la* pensée ne *m'en* fut exprimée...

Page 13, avant-dernière ligne. — Lisez : Razoua *le délégué* de la Commune.

Page 14, première ligne. — Effacez le mot *mystérieux*.

Page 20, troisième ligne. — Lisez : *société* au lieu de *sécurité*.

Même page, dernière ligne. — Lisez : tant, *auprès du besoin* d'obtenir au proscrit Manau...

Page 22, ligne 22. — Lisez : davantage (sans apostrophe).

Page 23, ligne 14. — Il faut une virgule après le mot *produire*.

Page 25, ligne 23. — Lisez : des gardes nationales, sédentaire...

Page 29. — La lettre au général doit porter la date du *25* et non celle du *11*.

Page 32, ligne 29. — Lisez : *raca* au lieu de *Racca*.

Page 35, ligne 13. — Lisez : dans quelles eaux nageaient alors les magistrats républicains de Toulouse.

Même page, ligne 19. — Lisez : triumvirat *judiciaire,* au lieu de triumvirat *du parquet*.

Page 42, troisième ligne. — Lisez : me *vouloir*, au lieu de me *voir*.

Page 47, ligne 22. — Lisez : l'autorité de mon *nom* et de ma présence.

Page 49, deuxième ligne. — Lisez : j'all*ai* me coucher, et non j'all*ais*.

Page 50, ligne 20: — Lisez : et de l'exclure *même* à titre de capitaine, au lieu de *membre*.

Même page, ligne 25. — Lisez : notamment *aucun des* trois patriotes.

Page 51, ligne 17. — Lisez : *duquel* j'ai la demande, au lieu de *dont*.

Même page, ligne 22. — Lisez : *renégats* et non *rénégats*.

Page 52, dernière ligne. — Lisez : opposer la force *du droit* à *la* violence *de* l'arbitraire.

Page 54, ligne 6. — Lisez : arlarm*istes* et non alarm*antes*.

Page 55, ligne 5. — Lisez : L'*adjudant*-major Muratet, au lieu de le *major*.

Page 58, ligne 22. — Lisez : comiques *m'amours*, au lieu de *mamours*.

Page 67, ligne 9. — Lisez : gu*et*-apens et non gu*êt*-apens.